Amy Bruni
Geister gibt es wirklich

AMY BRUNI
mit Julie Tremaine

GEISTER
gibt es wirklich

Spektakuläre Erfahrungen
einer Geisterjägerin

Wahre Begegnungen mit dem Übernatürlichen

Aus dem amerikanischen Englisch übersetzt
von Sabine Zürn

Ansata

Penguin Random House Verlagsgruppe FSC® N001967

Erste Auflage 2021
Copyright © 2020 by Amy Bruni
Copyright © der deutschsprachigen Ausgabe 2021
by Ansata Verlag, München,
in der Penguin Random House Verlagsgruppe GmbH,
Neumarkter Straße 28, 81673 München
Alle Rechte sind vorbehalten. Printed in Germany.
Redaktion: Ralf Lay, Mönchengladbach
Umschlaggestaltung: Guter Punkt GmbH & Co. KG, München
unter Verwendung von Motiven/Fotos von: © jessicahyde/iStock/
Getty Images Plus, © NataliaDeriabina/iStock/Getty Images Plus,
© framedbyarne / iStock / Getty Images Plus, © Limages/iStock/
Getty Images Plus, © eugenesergeev/iStock/Getty Images Plus
Satz: Satzwerk Huber, Germering
Druck und Bindung: GGP Media GmbH, Pößneck
ISBN 978-3-7787-7576-9

www.Integral-Lotos-Ansata.de

www.facebook.com/Integral.Lotos.Ansata

Für Charlotte
Nichts macht mich glücklicher, als dich in meiner
magischen Geisterwelt aufwachsen zu sehen.
Ich liebe dich und kann es kaum erwarten,
eines Tages dein Buch zu lesen.

Und für Mom
Du fehlst mir jeden Tag. Du bist der Geist,
den ich mehr als jeden anderen finden möchte.

Inhalt

Willkommen auf der anderen Seite

Wenn du mir erzählt hättest, dass es eines Tages ein Partyspiel gäbe, bei dem man einen Schnaps kippt für jeden meiner Kraftausdrücke im Fernsehen, der weggepiept wird, hätte ich gesagt, dass du verf***t plemplem bist. Doch genau das gibt es jetzt!

Man kennt mich vielleicht von Serien wie *Kindred Spirits (Ruhelose Seelen)*[1] und *Ghost Hunters* oder von einem der bemerkenswerten und unterhaltsamen paranormalen Events.

Aber die meisten Menschen glauben wahrscheinlich nicht, dass ich heute viel weniger über das Jenseits weiß als zu Beginn meiner Untersuchung und Erforschung unerklärlicher Phänomene. Ich hatte anfangs eine absolut klare Vorstellung davon, was ich glaube und was ich von Geistern und Gespenstern halten könnte. Aber je mehr ich erlebte, desto bewusster wurde mir, dass ich überhaupt keine Ahnung habe.

Wenn ich sage, dass dieses Buch »wahre Begegnungen mit dem Übernatürlichen« enthält, meine ich damit, dass es viele verschiedene Wege gibt, wie wir etwas über Geister und die Welt des Paranormalen erfahren können. Ich möchte dich dazu anregen, deine bisherigen Überzeugungen zu hinterfragen und neue Perspektiven und Ideen zuzulassen. Die Paraforschung liefert keine verbindlichen Antworten auf unsere Fragen, und es gibt keine wissenschaftlichen Verfahren, die beweisen könnten, dass die Phänomene, die wir erleben, real sind. Statt belegbarer Fakten sind nur immer neue Erfahrungen und Sichtweisen möglich.

Wer sich ernsthaft mit diesem Thema beschäftigt, wird dir sofort erklären, dass man nicht mit Sicherheit sagen kann, was das Paranormale ist, und würde niemals behaupten, es gäbe endgültige Erkenntnisse darüber. Ich hoffe, du liest dieses Buch nicht, weil du von mir eine Erklärung für das Unerklärliche erwartest. Das Buch ist ein Dialog zwischen mir und meinen Gedanken, zwischen dir und deinen Vorstellungen und den Meinungen zahlreicher Experten auf diesem Gebiet, die viele Jahre damit verbracht haben, ihre eigenen Theorien zu entwickeln.

Die Entstehung des Buches ist all diesen etwas seltsamen und wunderbaren Paraforschern zu verdanken, mit denen ich im Laufe meiner beruflichen Karriere zu tun hatte. Geisterjagd findet nicht im luftleeren Raum statt, sondern in Zusammenarbeit mit anderen Menschen, die genauso leidenschaftlich wie ich die unbekannten Ecken des Seins erkunden. Dadurch konnte ich mich als Paraforscherin weiterentwickeln und mir die Theorien und Methoden erarbeiten, die mich zu meiner heutigen Sicht der Dinge geführt haben.

Ich wünsche mir, dass du durch dieses Buch deine Vorstellung davon erweiterst, was du für möglich hältst, und über den Tellerrand schaust, wenn du das nächste Mal versuchst, etwas zu verstehen, was sich nicht erklären lässt. Und dich dabei ein bisschen zu gruseln, denn das ist die Hälfte des Vergnügens.

Danke, dass du mit mir auf diese Reise gekommen bist.

Und jetzt lass uns anfangen, etwas sonderbar zu werden.

Kapitel 1

Geister sind auch nur Menschen

Für Walt Disney begann alles mit einer Maus. Bei mir dagegen begann alles mit einem Geist. In meiner Kindheit gehörte es zum Alltag, dass es in unserem Haus in Alameda, Kalifornien, spukte. Schon bei unserem Einzug in den kleinen Craftsman-Bungalow war klar, dass es Geister im Haus gab, was meine New-Age-Eltern aber nicht weiter beeindruckte. Im Gegenteil: Sie bestärkten meinen Bruder, meine beiden Schwestern und mich, keine Angst vor unerklärlichen Erscheinungen zu haben. Wir nahmen die Geister wahr und sprachen über sie. Meine Mutter sah einen kleinen Jungen, der im Haus herumlief, und mein Vater beschäftigte sich mit der Erforschung paranormaler Phänomene. Für uns fühlte sich das überhaupt nicht seltsam an. Wir dachten: »Geister gibt es nun mal, und manche halten sich in unserem Haus auf.« Das war für uns völlig normal.

Wirklich völlig normal?

Es mag vielleicht seltsam klingen, aber diese Einstellung eröffnete mir eine ganz neue Welt. Ich bin in dem Bewusstsein erzogen worden, dass es mehr Dinge zwischen Himmel und Erde gibt, als wir leicht verstehen, und nie hat mich irgendwer davor gewarnt. Dadurch erschloss sich mir ein Weg voller seltsamer und wundersamer Erfahrungen, die ich mir als unbekümmertes Kind der Achtzigerjahre in Nordkalifornien, das jeden Tag bis spätabends draußen spielte, niemals hätte vorstellen können.

Eines Nachts sah ich einen Mann, der im Fenster stand, drei Meter über dem Boden und an einem Punkt, an dem man gar nicht stehen konnte. Er trug Kleidung, die ich noch nie zuvor gesehen hatte. Ich wusste sofort, dass das ein Geist war, hatte aber keine Angst.

Als Geisterforscherin erlebte ich seither viele Situationen, in denen ich mich fürchtete. Manchmal geriet ich sogar richtiggehend in Panik. Aber nicht in diesem Augenblick. Ich sah zwar einen Mann, der unmöglich da sein konnte, aber er war kein unheimliches Gespenst für mich, sondern ein Mensch. Also tat ich das, was jedes normale Kind tun würde: Ich holte meine Mutter.

Doch als wir zurückkamen, war der Mann weg. Ich hatte ihn zwar nur für einen kurzen Moment gesehen, aber ich wusste, dass er da gewesen war. Er trug eine altmodische grüne Uniform, stand im Fenster und war klar zu erkennen, obwohl das Fenster ziemlich hoch war.

Alameda ist eine mittelgroße Stadt in der Metropolregion San Francisco Bay Area und hat eine lange Militärtradition. Auf dem Gelände der ehemaligen Naval-Air-Station Alameda kann das Naval Air Museum besichtigt werden. Später erfuhren wir, dass unser kleines Haus eine Militärunterkunft gewesen war und dass der Sohn einer Familie, die früher dort gelebt hatte, als US-Soldat im Zweiten Weltkrieg gefallen ist. Damals hatte das Haus eine Veranda, auf der ich ihn hatte stehen sehen, was erklärt, warum er in einem Fenster so weit oben zu sehen war. Als er in dem Haus wohnte, stand er wahrscheinlich oft auf der Veranda.

Ein Mann, der nicht existierte, stand auf einer Veranda, die es nicht gab. Man könnte also sagen, mein Lebensweg führte mich direkt zur professionellen Geisterjagd.

Nach diesem Tag war mein Wissensdurst nicht mehr zu stillen: über das Leben nach dem Tod, darüber, wer dieser Geist sein könnte, über alles, was mit übernatürlichen Phänomenen zu tun hat und unerklärlich war. Meine Mutter Debbie setzte mich an der Gemeindebibliothek ab, und ich ging direkt zum Regal mit den Büchern über okkulte Themen. Ich las alles, was ich von dem berühmten Parapsychologen Hans Holzer, der das echte Geisterhaus aus dem Film *Amityville Horror – Eine wahre Geschichte* untersucht hatte, in die Finger bekommen konnte. Immer wieder untersuchte ich lächerliche alte Fotos von Medien, denen Ektoplasma aus den Ohren trat. In den Achtzigerjahren war das Interesse an unerklärlichen Erscheinungen riesig, und es erschienen schneller neue Bücher, als ich lesen konnte. (Holzer selbst veröffentlichte über hundertzwanzig Publikationen.) Ich verschlang so viele Bücher wie möglich und nahm alles, was ich darin las, für bare Münze. Heute kann ich viel besser erkennen, was wirklich vertrauenswürdig ist, wenn es um Beweise geht. Doch damals kam es mir gar nicht in den Sinn, dass irgendetwas gefälscht sein könnte, und ich war begeistert von jedem Wort, das ich las.

Zu Hause ging der Spuk weiter. Immer häufiger zeigte sich der Geist eines kleinen Jungen. Einmal waren unsere Nachbarn zum Abendessen bei uns. Ihr Sohn, der etwa so alt war wie ich, schlief irgendwann auf dem Sofa ein. Seine Mutter sah ständig in Richtung Badezimmer. »Wo ist Alex?«, fragte sie. »Ich habe ihn reingehen sehen und dachte, er müsste doch mal wieder rauskommen.«

»Alex schläft auf dem Sofa, Schatz«, antwortete ihr Mann. Sie wurde blass, denn sie war ganz sicher, gesehen zu haben, wie ihr Sohn aufstand und quer durch den Raum ging. Stimmte auch, aber es war nicht ihr Sohn, den sie gesehen hatte, sondern der Junge, der vor vielen Jahren an Leukämie gestorben war. Bei einem anderen Abendessen mit den Nachbarn erzählte ihnen mein Vater, Gene, von dem Geist und dass er sich oft im Haus zeige. Die beiden waren sehr skeptisch und meinten, sie würden nicht an Geister oder Übernatürliches glauben, weil das alles nicht möglich sei – und das, obwohl sie dieselbe Erscheinung gesehen hatten wie wir. In diesem Augenblick fiel ein Bild von der Wand, schwebte für einen kurzen Moment in der Luft und krachte dann auf den Boden. Die Nachbarn verließen fluchtartig das Haus und besuchten uns nie wieder. Die Frau kam zwar in unseren Garten, aber keiner der beiden setzte jemals wieder einen Fuß über unsere Schwelle.

Als ich etwa acht Jahre alt war, machte ich ein Foto von meiner Schwester auf der Veranda unseres Hauses. Eigentlich dachte ich, sie sei die einzige Person gewesen, die ich fotografiert hatte. Doch als der Film entwickelt war, entdeckten wir eine ältere Frau, die hinter ihr stand. Meine Mutter ging mit dem Foto zu einem benachbarten Fotografen und fragte ihn, ob es sich um eine Doppelbelichtung oder etwas Ähnliches handele. Er meinte, dass ihn die Frau an die Dame erinnere, die vor uns im Haus gelebt habe. Offensichtlich hatte sie früher an dieser Stelle auf die Rückkehr ihres Mannes gewartet.

War das ein Geisterfoto? Ich bin mir nicht sicher, auch wenn es ganz bestimmt so aussah, aber egal, was es war, es löste etwas in mir aus. »Es gibt wirklich Leute, die nach Geistern suchen«, dachte ich. »Das will ich auch!«

Damals war es mir noch nicht bewusst, aber die Lebensgeschichten der Menschen, die vor uns in unserem Haus gewohnt und es auch nach ihrem Tod nicht verlassen hatten, weckten in mir eine andere Sicht auf die Geisterjagd. Wie viele Leute fing auch ich an, als Hobby paranormale Untersuchungen zu betreiben. Nach all den Stunden in der Bibliothek, in denen ich über okkulten Büchern gebrütet hatte, entstand in mir der Wunsch, weitere Geistwesen ausfindig zu machen. Dafür brauchte ich eine solide Wissensgrundlage. Wen könnte ich aufspüren, warum ist eine Seele noch da, und was konkretbenötigt sie, um weiterziehen zu können?

Mein Vater sah darin eine Chance, gemeinsam Zeit mit mir zu verbringen und mir auch noch etwas beizubringen, also nahm er mich mit zu paranormalen Forschungen an angeblichen Spukorten. Wir fuhren zum Beispiel nach Fort Ross, einer russischen Siedlung aus den frühen 1800er-Jahren, wo die ältesten bekannten Gräber in Sonoma County liegen. Während meiner Schulzeit weckte er mein Interesse an historischen Stätten in Kalifornien, indem er mir erzählte, dass es dort Geister gäbe. Ausgerüstet mit einem alten Tonbandgerät, einer Polaroidkamera und einem Heft voller Forschungsnotizen – weit entfernt von unserer modernen Geisterjäger-Ausrüstung –, saßen wir einfach da, stellten Fragen und nutzten unser Wissen über den jeweiligen Ort für unsere EVP-Sitzungen. EVP ist die Abkürzung für *electronic voice phenomena*, »Tonbandstimmen«: Mithilfe von akustischen Aufzeichnungen werden Stimmen von Geistern hörbar gemacht. Wir kommen später noch öfter darauf zu sprechen.

Ich hatte so viel Zeit damit verbracht, mehr über das Übernatürliche zu erfahren, dass es ein richtiger Kick für mich war, das alles auszuprobieren. Plötzlich war ich selbst aktiv und nutzte mein Wissen über die Erforschung des Paranormalen, um Kontakt mit der anderen Seite aufzunehmen. Aber es ging mir nicht darum, mich zu gruseln – oder zumindest nicht *nur*. Ich wollte wissen, wer die Geister zu Lebzeiten gewesen sind und warum sie noch da waren und mit den Lebenden Kontakt aufnahmen. Meinem Vater war es wichtig, mit mir Zeit zu verbringen und mir gleichzeitig Geschichtswissen zu vermitteln. Das war unglaublich intensiv und total spannend. Unsere gemeinsame Zeit gehört zu meinen schönsten Kindheitserinnerungen. Ich halte es für eine gute Methode, Kindern mithilfe von Spukgeschichten etwas über Geschichte beizubringen, und rege auch andere Eltern dazu an. Wenn meine Tochter Charlotte größer wird und sich für Geister interessiert, möchte ich das auf jeden Fall auch tun.

Irgendwann nahm ich Urlaub, um an Spukorten wie dem Stanley-Hotel in Colorado aus dem Film *Shining* und der *Queen Mary*, einem bekannten Spukkreuzfahrtschiff, das jetzt ein Hotel in Los Angeles ist, Amateuruntersuchungen durchzuführen. Es war wirklich aufregend, meine Pläne in die Tat umzusetzen, und anfangs hatte ich große Angst und spürte den Adrenalinstoß, den die Begegnung mit dem Unerklärlichen auslöste.

Durch diese Untersuchungen und die Suche nach den Menschen hinter den Gruselgeschichten entdeckte ich schließlich etwas sehr Naheliegendes, was die enthusiastischen Anhänger des Übernatürlichen aber meist übersehen: *Geister sind Menschen wie du und ich.* Natürlich geht es bei der Geisterjagd auch um die ganze Aufregung einer Kontaktaufnahme, aber eigentlich steht etwas anderes im Vordergrund: Auf der anderen Seite kommuniziert ein Mensch mit dir. Ein Mensch, der einmal lebendig war und sich jetzt in einer Situation befindet, in der auch du vielleicht eines Tages sein könntest.

Sie bleiben nicht, weil ihnen das einen Höllenspaß machen würde – okay, das ist vielleicht nicht gerade die beste Wortwahl –, aber auch nicht, weil sie es hier so toll finden. (Oder glaubst du wirklich, es sei lustig, zweihundert Jahre lang in denselben drei Räumen herumzuspuken?) Wie viele andere denke auch ich, dass die Seelen hier sind, weil sie auf dieser Ebene noch etwas zu erledigen haben. Manchmal möchten sie noch Botschaften übermitteln, und manchmal wissen sie gar nicht, dass sie verstorben sind und es an der Zeit ist zu gehen.

Diese ruhelosen Seelen wollen gehört werden. Sie *müssen* gehört werden. Und wer von uns das Glück hat, mit ihnen zu kommunizieren, hat die Pflicht zuzuhören, wirklich hinzuhören und sie nicht wie irgendeine Abendunterhaltung zu behandeln.

In der Serie *Ghost Hunters* fanden mein Partner Adam Berry und ich sehr oft Geister vor, die ganz offensichtlich Hilfe brauchten. Aber wegen der Dreharbeiten und des Formats der Sendung mussten wir gehen, bevor wir etwas für sie tun konnten. Unsere Aufgabe war es, den Lebenden zu helfen und herauszufinden, ob es in ihren Häusern und Geschäften spukte, und nicht den Verstorbenen mit ihren Angelegenheiten, die sie auf dieser Ebene festhielten. Je öfter wir Hilfe suchende Geister zurücklassen mussten, desto schuldiger fühlten wir uns.

Einmal drehten wir eine Folge der Serie im Waverly-Hills-Krankenhaus in Kentucky, einem riesigen Gebäude, das auf dem Höhepunkt der Tuberkulose-Epidemie Anfang des 20. Jahrhunderts bis zu vierhundert Patienten gleichzeitig aufnehmen konnte. Nach der Schließung als Tuberkulose-Krankenhaus wurde Waverly Hills zu einer Langzeitpflegeeinrichtung für ältere und psychisch kranke Menschen, die aber wegen Vernachlässigung der Patienten geschlossen wurde. Tina Mattingly erwarb das Gebäude einige Jahre später und meint, dass in den hundertzwanzig Jahren, in denen Waverly Hills existiert, zwischen zwanzigtausend und zweiundsechzigtausend Menschen dort gestorben sind.

Während der Dreharbeiten hielten Adam und ich uns im Schwesterntrakt auf, der noch nie professionell unter die Lupe genommen worden war. Nach allem, was wir wussten, waren wir seit Jahrzehnten die Ersten. Etwa um 2.00 Uhr morgens begannen wir mithilfe von Klopfzeichen, mit einigen Geistern zu kommunizieren, die wir für Krankenschwestern hielten. Wir erklärten ihnen die Kommunikation: einmal klopfen für ja und zweimal für nein. Sie antworteten auf jede Frage, und ihre Antworten waren klar und eindeutig.

Irgendwann fragten wir sie: »Wie viele von euch sind denn hier anwesend? Zeigt uns durch Klopfen an, wo genau ihr seid.« Wir hörten siebzehn Klopfgeräusche überall im Raum, als ob siebzehn Menschen versuchten, uns zu kontaktieren.

Wir fragten: »Wollt ihr beten?« *Ein Klopfen.* Also beteten wir für sie. Ich würde mich nicht als wirklich religiösen Menschen bezeichnen, aber wenn mich jemand bittet, für ihn zu beten, dann tue ich es. Ich glaube, es kommt dabei nur auf die Energie und die Intention an. Als wir beteten, war es völlig still um uns herum. Keinerlei Klopfen. Aber sobald wir »Amen« gesagt hatten, fing es wieder an. Es war fast so, als wollten sie sich bei uns bedanken.

Das Klopfen kam immer wieder, als ob die Krankenschwestern geradezu versessen darauf seien, dass jemand ihre Anwesenheit zur Kenntnis nimmt und mit ihnen spricht. Schließlich mussten wir abbrechen, denn die Arbeitszeit des Kamerateams pro Tag ist begrenzt. Wir fühlten uns richtig mies, als wir ihnen sagten, dass wir gehen müssten. Sie waren eindeutig dagegen. Als wir den Korridor hinuntergingen, klopften sie an die Wände um uns herum und folgten uns, als wir das Gebäude verließen.

Ich war in Tränen aufgelöst, als wir abzogen. Es war herzzerreißend, mit Geistern in Kontakt zu treten, die so verzweifelt mit uns kommunizieren wollten. Ich wollte sie unbedingt hören und ihnen helfen. Im Hotel vernahm ich am Morgen ein letztes Klopfen an der Wand über meinem Bett.

Adam und ich hatten viele solcher Begegnungen, bei denen wirklich Hilfe notwendig gewesen wäre. Es gab Geister, die Lebenden Botschaften übermitteln oder ein Problem beheben wollten, das sie an einen Ort fesselte, doch wir konnten diese Angelegenheiten nicht für sie lösen. Oft hörten wir so etwas wie *Hilfe*, aber wir mussten wegen der Anforderungen der TV-Serie *Ghost Hunters* gehen. Damals ging es mehr darum, Beweise für die Existenz von Geistern zu finden, und weniger um die Frage, wer diese Geister sind und was sie uns mitteilen wollen. Unsere Zuschauer wollten wissen, was wir entdeckten und ob das Ganze real war. Bei der Untersuchung unserer Ergebnisse präsentierten wir die EVP von Menschen, die weinten oder um Hilfe baten, aber niemand versuchte, die Gründe dafür herauszufinden.

Geister in Not in ihrem Elend zurückzulassen, weil wir unseren Job machen mussten, führte schließlich zur Idee für die Serie *Ruhelose Seelen*. Es fühlte sich für uns einfach so an, dass bei der Beschäftigung mit Geistern etwas fehlte.

Deshalb entschieden Adam und ich, *Ghost Hunters* zu verlassen, um etwas zu finden, was die Kluft zwischen den Lebenden und den Verstorbenen überbrückte und sich mit den Bedürfnissen beider Seiten befasste. Wir wollten uns darauf konzentrieren, wie wir ihnen helfen konnten, statt nur Beweise zu sammeln und dann wieder zu gehen. Geister sind nicht zu unserem Vergnügen da. Sie sind Menschen mit Bedürfnissen, genau wie wir.

Inzwischen reisen wir im Auftrag der Serie durch das Land und besuchen Menschen, die wirklich unsere Hilfe brauchen. Wir waren im Haus einer Frau, die ein ganzes Stockwerk nicht nutzte, weil sie glaubte, dass ihr Bruder, der vom anderen Bruder ermordet worden war, dort spukte. Wir stellten für eine verängstigte Mutter und ihren Sohn Untersuchungen an, die ihre Wohnung nicht betraten, weil der Sohn dort ständig einen »Schattenmann« sah. Wir gingen tief in einen Wald, um herauszufinden, wer in der Hütte einer Familie Gegenstände zerstörte und Leute kratzte.

Um solchen Vorkommnissen auf den Grund zu gehen, ziehen wir häufig Historiker eines Ortes oder weitere Paraforscher hinzu. Chip Coffey ist ein Medium, hatte früher mal eine eigene Sendung mit dem Titel *Psychic Kids* und begleitete uns bei vielen Fällen für *Ruhelose Seelen*, um an den Orten, die wir untersuchten, in Kontakt mit Seelen zu kommen.

»Das ist so was wie Sozialarbeit für die Lebenden und die Verstorbenen«, sagte Chip. »Es geht darum, die Bedürfnisse von beiden zu berücksichtigen. Wenn wir irgendwo reingehen, versuchen wir zu klären: Was erleben die Menschen dort? Und was erleben die Verstorbenen?«

Können wir wirklich helfen? Ich würde es gern glauben. Wir graben tief in der Geschichte einer Gegend, besonders in der Geschichte eines betroffenen Hauses, um die Ursachen von Geisterscheinungen herauszuarbeiten. Wir sprechen mit den Angehörigen früherer Bewohner und mit Familienmitgliedern der Leute, die die Aktivität erleben. Wir fanden Grabsteine in Hinterhöfen und Brunnen in den Kellern von dreihundert Jahre alten Häusern. Unheimlich? Definitiv! Aber in all diesen Fällen, auch wenn ein Geist klar gesagt hat, dass er in Ruhe gelassen werden möchte, bin ich mit dem Gefühl weggegangen, jemandem geholfen zu haben, egal, ob diese Person lebte oder verstorben war.

»Oft denke ich, dass die Leute einfach nur ihre ganze Geschichte hören wollen, oder sie suchen nach jemandem, der ihnen aufrichtig zuhört, der ihnen etwas Aufmerksamkeit schenkt oder sie wirklich versteht«, erklärte Chip. »Das ist so, als würden wir sie fragen, was wir tun können, um ihr Leben zu verbessern. Es ist wichtig, den lebenden Menschen eines Ortes Verständnis entgegenzubringen, ihnen hoffentlich auch Trost zu spenden und auf die Bedürfnisse der Verstorbenen einzugehen. Im Gespräch mit den Geistern geht es um Anerkennung. Vielleicht übermitteln sie Informationen, die bisher niemand von den Lebenden zur Kenntnis genommen hat, oder es gibt eine Botschaft, die sie noch nicht rüberbringen konnten.«

Wenn es etwas gibt, von dem ich hoffe, dass du es aus diesem Buch mitnimmst, dann Folgendes: Die meisten Geister sind nicht gruselig. Sie sind auch nicht irgendeine komische Nebensache. Letztlich werden wir alle auf die gleiche Weise enden, und einige von uns werden vielleicht sogar hier bleiben, um das zu vollenden, was sie im Leben nicht geschafft haben. Die meisten lebenden Menschen empfinden Geister jedoch als unheimlich. Ich glaube, wenn wir mehr über die Geisterwelt wissen und über die Menschen, die sie bevölkern, werden die Geister menschlicher, und wir haben weniger Angst vor ihnen. Genau das ist mir passiert, und ich habe gelernt, dem Paranormalen mit mehr Respekt zu begegnen. Es hat mich auch zum ungewöhnlichsten Beruf geführt, den ich mir vorstellen kann, und mir einige wirklich brenzlige Situationen beschert. Ich war schon überall – von verlassenen Krankenhäusern über Spukgefängnisse bis hin zu stillgelegten psychiatrischen Anstalten, wo die Geister buchstäblich aus den Wänden kommen.

Reden wir also erst einmal über ein paar verrückt gute Geistergeschichten.

🐾 Baby Amy und Babygeister

Als ich noch sehr klein war, vielleicht drei oder vier Jahre alt, lebten wir in einem Mehrfamilienhaus. Noch war keines meiner Geschwister geboren, also gab es nur meine Mutter, meinen Vater und mich.

Eines Tages spielte ich im Wohnzimmer, und als ich hinübersah, fiel mir in meinem Zimmer etwas auf. Es war ein Schatten, der aus meinem Schlafzimmerschrank lugte. Eine sehr ausgeprägte kleine Schattenfigur, vielleicht so groß wie ich, die eindeutig spielen wollte.

Die Figur streckte ihren Kopf aus dem Schrank, zog ihn wieder zurück und wiederholte das so oft, als würde sie ein Spiel spielen. Schließlich siegte meine Neugierde, und ich beschloss, dem nachzugehen. (Du bist schockiert, ich weiß.)

Als ich rüberkam, war die Figur schon verschwunden.

Ich erinnere mich, dass ich keine Angst hatte, sondern eher verdutzt darüber war, dass etwas, was ich gerade noch gesehen hatte, plötzlich verschwunden war.

Später erzählte ich es meiner Mutter. Sie schaute einen Moment lang erschrocken, dann wischte sie es beiseite. So würde ich mich auch verhalten, wenn Charlotte einen Geist sehen und mir davon erzählen würde. Vielleicht ist das genetisch bedingt?

Kapitel 2

Geister wollen dich nicht erschrecken

Das klingt merkwürdig, nicht wahr? Wenn man nicht viel Erfahrung hat, ist es wirklich unheimlich, einen Ort zu betreten, von dem man vermutet, dass es dort spukt. Verdammt, aber auch ich habe manchmal noch Schiss, obwohl ich schon Tausende von Untersuchungen durchgeführt habe. Doch es stimmt wirklich. Du hast vielleicht Angst vor dem, was du an einem Ort siehst oder erlebst (oder sogar spürst), aber fast nie wollen dich die Geister dort erschrecken. Sie sind Menschen, die versuchen, auf die bestmögliche Weise zu kommunizieren, die sie kennen, indem sie ihre begrenzten Kräfte nutzen.

Im Laufe der Jahre bin ich vielen Geistern begegnet, die unheimlich erschienen, aber in Wirklichkeit nur Schwierigkeiten hatten, gehört zu werden, und die alles gaben, um durchzukommen. In der ersten Staffel von *Ruhelose Seelen* untersuchten wir ein Haus in Connecticut, in dem sich eine bedrohliche Präsenz deutlich bemerkbar machte. Die Hausbesitzer sahen düstere Schattengestalten, hörten stampfende Geräusche vom Dachboden und sahen, wie Gegenstände durch die Räume flogen. Sie hatten das Gefühl, dass ihr fünf Jahre alter Sohn als Zielscheibe diente. Sie hatten das Haus gerade erst gekauft und waren entsetzt, auf was sie sich da eingelassen hatten.

Bei unseren Nachforschungen konnten Adam und ich nicht viel durch die EVP-Sitzungen herausfinden, weshalb wir anfingen, eine Liste der Vorbesitzer des Hauses durchzugehen und jeweils zu fragen, ob wir mit ihnen sprechen würden. Wir erhielten aber nur ein Wort: *Ko-tek*. Es stellte sich heraus, dass Mr. Kotek ein früherer Besitzer des Hauses gewesen war, der aus Polen stammte und über Ellis Island nach Amerika gekommen war, aber nie richtig Englisch gelernt hatte. Als wir eine Übersetzerin hinzuzogen, konnten wir endlich ein Gespräch mit dem Geist führen. Da Mr. Kotek nicht die gleiche Sprache wie die Hausbesitzer sprach, verstand er nicht, dass das Chaos und die Unordnung im Haus mit den Renovierungsarbeiten zusammenhingen. Nachdem ihm das in einer Sprache erklärt worden war, die er verstand, und begriffen hatte, was in dem Haus geschah, das er immer noch als sein Zuhause betrachtete, wirkte der Geist nicht mehr ruppig und gemein. Die neuen Besitzer kümmerten sich so um sein Haus, wie er es selbst getan hatte, und er wurde ruhiger.

Manchmal versuchen die Geister aber auch, uns zu überlisten, nur um etwas zu lachen zu haben. Das geschah im Randolph-County-Krankenhaus in Winchester, Indiana, das wir in der vierten Staffel untersuchten. Das Wesen, das hinter einer verschlossenen Tür knurrte und sie fast aus den Angeln hob, erwies sich als ein ehemaliger Rummelplatzarbeiter und gelegentlicher Patient des Krankenhauses namens

Harry »Peg« Dunn, ein gutmütiger Geist, der nur versuchte, sein ansonsten ruhiges Leben im Jenseits aufzupeppen. Aber das ist wieder eine andere Geschichte.

Ich bin der Meinung, dass Menschen im Jenseits genauso sind wie zu Lebzeiten. Wenn jemand ein unangenehmer Typ war, wird er sich als Geist nicht unbedingt anders verhalten. Aber das ist meiner Meinung nach bei den wenigsten der Fall. Es ist auch möglich, dass ein Geist Dinge tut, die uns unheimlich vorkommen, wie zum Beispiel Mr. Kotek, weil er nicht versteht, was in seinem Haus vor sich geht, oder es nicht mag. Ich glaube wirklich, dass Mr. Kotek versucht hatte, sein Haus vor etwas zu schützen, was er für eine Bedrohung hielt. Wahrscheinlich haben wir deshalb oft Angst in Situationen, die wir nicht erklären können, weil es in der menschlichen Natur liegt, sich vor Unbekanntem zu fürchten. Schnell vermutet man hinter einem seltsamen Geräusch im Haus eine böse Absicht. Wenn du nicht wie ich in einem total verrückten Zuhause aufgewachsen bist, ist es nur natürlich, dass du so reagierst. Ich denke in solchen Fällen immer: »Lass uns herausfinden, was das war.«

Die Leute fragen mich ständig, warum ich beruflich Geister jage, und meinen damit: Warum zum Teufel bringst du dich selbst ständig in so gruselige Situationen? Bist du wahnsinnig? Meine Antwort ist genau das Gegenteil von dem, was sie erwarten. Ich finde Geister nicht gruselig. Ich finde sie faszinierend. Sie sind Menschen, die Geschichten zu erzählen haben, und ich will diese Geschichten hören. Für mich ist die Untersuchung einer Spukerscheinung dasselbe wie ein Treffen mit Freunden bei einem Glas Wein. Wir führen einfach ein Gespräch. Der Unterschied ist, dass die Unterhaltung mit Geistern etwas einseitig ist. Manchmal braucht es eine Menge Fragen, um ein Geistwesen dazu zu bringen, auch nur ein paar Worte zu verlieren. Aber andererseits hatte ich auch schon Dates mit Lebenden, bei denen es ziemlich ähnlich war.

Die Grundannahme, dass Geister in erster Linie gehört zu werden versuchen, wird auf den Kopf gestellt, wenn es um Orte geht, an denen Menschen wirklich Furchterregendes widerfuhr. Ich erlebte Fälle, in denen Geister ernsthaft versucht hatten, Leute einzuschüchtern oder sie zu verletzen. Ich untersuchte aber auch Situationen, in denen die übernatürliche Präsenz eine positive Kraft war, deren Gegenwart die Menschen schätzten. Diese beiden völlig gegensätzlichen Phänomene können sogar innerhalb einer Familie im selben Haus vorkommen. Die folgende Geschichte der Familie Perron war die Grundlage für den Film *Conjuring – Die Heimsuchung.*

Roger und Carolyn Perron und ihre Töchter Andrea, Nancy, Christine, Cindy und April lebten von 1970 bis 1980 in einem verwunschenen Bauernhaus aus dem 18. Jahrhundert in Harrisville, Rhode Island. Das Haus war der Schauplatz eines lang andauernden Spuks. Zehn Jahre lang gehörten zahlreiche Geister zum Alltag der Familie. Das Haus wurde fünfmal von den Paraforschern Ed und Lorraine Warren untersucht (die auch im Haus aus *Amityville Horror – Eine wahre Geschichte* und mit einer besessenen Stoffpuppe, Vorlage für den Film *Annabelle,* gearbeitet hatten). Andrea Perron berichtete vom ersten Tag der Paraforscher: »Sie warteten bis zum Tag vor Halloween, weil Mrs. Warren dachte, dass der Schleier dann dünner und es wahrscheinlicher sei, eine Erscheinung zu erleben. Meine Mutter sah sie an und sagte lachend: ›Dann ist jeder Tag in diesem Haus Halloween.‹«

Obwohl *Conjuring* in etwa auf Andrea Perrons Erinnerungen und Lorraine Warrens Beobachtungen basiert, gibt er nicht im Ansatz wieder, was die Familie durchmachte. In Wirklichkeit gab es keinen Geist, der dem Teufel verfallen war und die Frauen besetzte, damit sie ihre Kinder ermordeten, keine verwunschene Schmuckschatulle und keinen Geist namens Rory, der sich in einem Kriechraum über dem Erdgeschoss versteckt hielt. Im Haus gab es nämlich gar keinen Kriechraum. Wir werden im Laufe des Buches noch mehr über die wahren Hintergründe erfahren, aber falls du den Film gesehen hast, lösch bitte alles in deinem Kopf, was du über die Perrons aus *Conjuring* zu wissen glaubst, bevor wir auf die tatsächlichen Erlebnisse der Familie zu sprechen kommen.

Ich bin seit vielen Jahren mit Andrea befreundet, und sie erzählte immer, dass der Film nichts sei gegen das, was im Haus wirklich geschah, das sei »noch viel unheimlicher« gewesen – ja, du liest richtig. Unheimlicher als unsichtbare Kräfte, die junge Mädchen an den Haaren herumschleifen.

Lass das erst mal einen Moment sacken.

Carolyn Perron, die Mutter, weigerte sich, das Haus jemals wieder zu betreten, nachdem sie es 1980 verlassen hatte, und April, die jüngste Tochter der Familie, verstarb 2017. Roger und die vier noch lebenden Schwestern kamen für eine Folge der vierten Staffel von *Ruhelose Seelen* zum ersten Mal gemeinsam in das Haus zurück, und die Familie berichtete viel über ihre Erinnerungen an die Zeit und die Ereignisse im Haus. Sie waren sich alle einig, dass ihnen dort schreckliche, traumatische Dinge widerfahren waren. Auf der anderen Seite fanden sie übereinstimmend, dass sie in dieser Zeit auch viele schöne übernatürliche Erlebnisse hatten.

Carolyn und Cindy, die zweitjüngste Tochter, wurden von den Geistern am schlimmsten malträtiert. Laut Andrea wurde ihre Mutter mindestens fünfmal verletzt, unter anderem wurde sie durch die Hüfte von einem Pfahl aufgespießt, ihr wurde mit einer unsichtbaren Nadel ins Bein gestochen, und durch eine Sense, die in der Scheune nach ihr geworfen wurde, erlitt sie Schnitte am Hals. Cindy wäre fast ertrunken, als sie in der Badewanne von etwas Unsichtbarem unter Wasser gedrückt wurde, und sie wäre beinahe erstickt, als sie in einer alten Holzkiste gefangen war, die sich nicht öffnen ließ, obwohl es gar kein Schloss gab. Das Gleiche passierte Christine in einer Truhe. Die Mädchen wurden in Schränken eingesperrt, aus denen sie nicht mehr herauskamen. Sie hörten ständig Stimmen, oder ihnen wurde plötzlich kalt, und wenn sie sich dann umdrehten, entdeckten sie ein Geistwesen hinter sich.

Neben all diesen schrecklichen Ereignissen machte die Familie aber auch positive Erfahrungen mit Präsenzen. Das ist der Teil der Geschichte, der ihrer Meinung nach sowohl im Film als auch in den Berichten der Warrens vernachlässigt worden sei. Besonders Andrea, Nancy und Roger hatte viele positive Begegnungen mit Wesenheiten im Haus. »Ich hatte viel Kontakt mit den Geistern, aber es war immer friedlich«, sagte Andrea. »Ich fühlte mich beschützt.« Sie führte damals Tagebuch über ihre Erlebnisse und bewahrte sie dadurch für die Nachwelt. Sie vermutet, dass sie deshalb verschont blieb. (Ich finde, das ist eine stichhaltige Theorie. Der Hellseher Chip Coffey hielt zum Beispiel Harry »Peg« Dunn für einen Spaßmacher, der wollte, dass man sich nach seinem Tod an ihn erinnerte und über ihn sprach.)

»Nachdem wir eingezogen waren, kam meine Mutter abends und gab jeder von uns einen Gutenachtkuss«, erzählte Andrea. »Wir erinnern uns aber alle an eine andere Frau, die das auch tat.« Sie berichtete, dass alle Mädchen dieses Gefühl gehabt hätten und annahmen, dass es ihre Mutter sei, die noch einmal nach dem Rechten sah, nachdem sie eingeschlafen waren. »Nur Cindy sagte, dass das nicht Mom war, denn sie duftete nach ›Ivory‹-Seife, während die andere Frau nach Blumen und Früchten roch.«

Die Familie erzählte auch von Oliver Richardson, den sie für den Sohn der Familie hielt, die im 18. Jahrhundert dieses Haus gebaut hatte. Oliver starb früh, und sein Geist spielte mit April, wenn die anderen Schwestern in der Schule waren. April habe seine Existenz vor ihren Eltern verheimlicht, sagte Andrea, denn sie habe ihn geliebt und befürchtet, dass sie ihn zwingen würden, das Haus zu verlassen, wenn sie seine Anwesenheit verriete. (Wir konnten Olivers Existenz bei unseren Nachforschungen nicht belegen, aber das bedeutet nicht, dass er nicht da war. Es gehört zu den schwierigsten Aufgaben, Aufzeichnungen über Kinder aus vergangenen Jahrhunderten zu finden. Ihre Geburten und Todesfälle wurden selten dokumentiert, weil die Sterberate in den Zeiten vor der modernen Medizin so hoch war.)

Roger erzählte von seiner Begegnung mit einer Frau – seiner Meinung nach nicht dieselbe, die die Mädchen nachts besuchte – und von seiner emotionalen Verbindung zu ihr. Er beschrieb sie als sanfte Erscheinung, die ihn jeden Morgen begrüßte, indem sie seinen Rücken berührte. Das ist eine Erfahrung, die ich persönlich bestätigen kann, denn als ich das Haus für die Sendung untersuchte, fühlte ich genau das Gleiche. Eine Hand streichelte meinen Rücken, so wie die tröstende Berührung einer Mutter. Normalerweise kann ich es nicht ausstehen, von Geistern berührt zu werden. Ich mag generell nicht von Fremden angefasst werden, besonders wenn ich sie nicht sehen kann. Dies war das einzige Mal, dass ich es ganz angenehm fand.

Von allen Schwestern war Cindy am wenigsten bereit, ins Haus zu kommen. Es fiel ihr wirklich schwer, sich dort aufzuhalten, selbst wenn die Familie, der Cast und das Team des Senders und die aktuellen Hausbesitzer dort waren. Nancy wiederum liebte das Haus so sehr, dass sie nach seinem Verkauf nicht ausziehen wollte und den neuen Hausbesitzern anbot, zu bleiben und als Haushälterin für sie zu arbeiten.

Als die Warrens das Haus zum letzten Mal untersuchten, fand eine Sitzung statt, in der Carolyn Perron von ihrem Stuhl quer durch den Raum geschleudert wurde und in Ohnmacht fiel. Dennoch hat sie eine halbwegs positive Sicht auf die Jahre im Haus. Carolyn erfand den englischen Reihentitel für Andreas Bücher. »Sie verschränkte die Arme und sagte: ›House of Darkness – House of Light. Es war ja beides‹«, meinte Andrea. »Ich fühle mich dort richtig daheim und sehr wohl in dieser Umgebung. Es ist der einzige Ort auf der Welt, der sich jemals wie mein fester Platz angefühlt hat. Alles andere war nur vorübergehend. Das ist mein Zuhause.«

Was ist also wirklich dort passiert? Ehrlich gesagt, ich weiß es nicht.

Die Schwestern sagen, sie spürten dieselben Geister, als sie gemeinsam mit uns das Haus besuchten, und sie nähmen mit ihnen Kontakt auf, sogar während Adam und ich dort forschten und selbst nicht viel feststellten. Im Film kann man sehen, dass Cindy an einer Stelle verneinend den Kopf schüttelte. Sie sagte, dass sie damit auf die Anweisung reagiert habe, in den Keller und dann in die Bibliothek zu gehen. Einen Tag später kehrte Cindy nach Georgia zurück. Sie berichtete, dass sie sich körperlich krank fühle und einen riesigen Bluterguss an der Rückseite ihres Beins habe, für den es ihrer Erinnerung nach keine Ursache gegeben habe. Andrea glaubte, dass Cindys körperliche Symptome eine Strafe dafür waren, dass sie nicht getan hatte, was die Geister von ihr wollten. Cindy hat sich geschworen, das Haus nie wieder zu betreten.

Ich kann nicht erklären, warum die Geister, die so intensiv mit der Familie in Kontakt traten, sich uns oder den neuen Besitzern des Hauses nicht zeigten. Andrea hatte das Gefühl, dass die Geister durch all die Veränderungen und den Trubel im Haus verunsichert waren und sich deshalb nicht zu erkennen geben wollten. Ich hoffe, dass im Laufe der Zeit bei jedem Besuch und jeder Untersuchung neue Informationen ans Licht kommen werden.

Eine Sache kann ich verraten: Mir persönlich fiel es schwer, mich in dieser Umgebung aufzuhalten. Auch wenn Adam und ich keine Beweise für die Geister fanden, die die Perrons beschrieben, bin ich immer noch nicht davon überzeugt, dass das Haus wirklich sicher ist. Es gibt etwas in dem Bauernhaus, das eine Vorliebe für Kinder hat, und das ist keine unbedingt wohlgesinnte Form der Zuwendung. Wir konnten nicht bestätigen, welche Geister sich dort aufhalten, aber wir fanden heraus, dass sie sich eher bei Kindern als bei Erwachsenen bemerkbar machen, auch wenn wir den Grund nicht kennen. Zum Glück liegt das Bauernhaus ganz in meiner Nähe, und ich werde auf jeden Fall wieder hinfahren und es weiter untersuchen.

Wir wissen aber sicher, dass Bathseba Sherman, die über Jahrzehnte als Teufelsanbeterin verleumdet wurde und ihrem eigenen Kind grausames Leid zugefügt haben soll, nichts mit dem Haus zu tun hatte. Im Film *Conjuring* war sie ein böser Geist, der das Erbe des Mordes auf alle Frauen übertrug, die nach ihr in diesem Haus lebten. In Wirklichkeit lebte sie nicht einmal dort, und sie hat definitiv niemanden ermordet. Es gibt keine Beweise oder historischen Aufzeichnungen, die darauf hindeuten, dass sie etwas anderes war als eine gewöhnliche Frau, die ein normales Leben auf einem nahe gelegenen Gehöft führte. Diese Geschichte geht zurück auf die Untersuchungen des Hauses durch Ed und Lorraine Warren.

Ich möchte klarstellen, dass ich die Warrens sehr respektiere und bewundere. Ihre Arbeit und ihre Bemühungen, das Paranormale populärer zu machen, haben mir den Weg geebnet. Aber meine eigenen Nachforschungen und die Informationen, die ich von der Harrisville Historical Society erhielt, überzeugten mich davon, dass sie sich in Bezug auf Bathseba getäuscht hatten. Diese arme Frau wird seit fast fünfzig Jahren für Dinge verantwortlich gemacht, mit denen sie nichts zu tun hatte. Sie ist schon seit Jahrhunderten tot und kann sich nicht mehr selbst verteidigen.

Ich weiß nicht, woher diese Information stammt oder was wirklich passiert ist. Aber dieser Irrtum wurde jahrzehntelang als historisch belegte Tatsache dargestellt, sowohl im Werk der Warrens als auch in *Conjuring,* und das hatte Folgen: Bathsebas Grabstein in Harrisville wurde so oft gestohlen oder geschändet, dass die Harrisville Historical Society ihn dauerhaft von ihrem Grab entfernen musste. Auch das Haus wurde natürlich zum Ziel so vieler – oft lästiger – Touristen, dass ein ehemaliger Besitzer die Filmgesellschaft Warner Bros. verklagte. Genau dieser Mensch begab sich auf einen persönlichen Kreuzzug, um die Spukgeschichte des Hauses zu dementieren, nachdem er selbst jahrelang in der Öffentlichkeit über die Geister gesprochen hatte. Er lud sogar *Ghost Hunters* für eine Folge der zweiten Staffel ein. Habe ich schon erwähnt, dass der Mann später bei den Dreharbeiten zu *Ruhelose Seelen* auftauchte und uns anbrüllte? Denn so war es.

Das Beispiel von Bathseba beweist, wie wichtig gute Recherchen sind und warum man seine Hausaufgaben machen und ein Thema richtig aufarbeiten muss. In den Siebziger- und Achtzigerjahren gab es eine regelrechte Welle von Leuten wie den Warrens (zum Beispiel Hans Holzer und Sylvia Browne), die weithin für ihre neuen Ansichten über das Paranormale bekannt waren, die aber streng definierte Vorstellungen davon hatten, was das Paranormale ist. Meiner Meinung nach suchten Ed und Lorne in ihrer spezifischen Sichtweise nach jemandem, dem man die Schuld geben konnte, um eine eindeutige Erklärung für das Geschehen zu liefern.

Für mich war das eher der Zeit geschuldet als eine gezielte Verbreitung von Fehlinformationen. Ich wuchs mit der Lektüre von Autoren wie den Warrens auf, und als Kind nahm ich sie wie gesagt alle beim Wort. Erst später habe ich mir überlegt, dass man solche Ansichten nicht ungeprüft weiterverbreiten sollte. Heutzutage sind die Leute dem Paranormalen gegenüber aber etwas skeptischer eingestellt. Sie lehnen es zwar nicht völlig ab, aber sie sind auch nicht bereit, bestimmte Ideen als einzig mögliche Lösung zu akzeptieren, zum Beispiel Seelen »ins Licht zu schicken« oder die Vorstellung von Engeln und Dämonen. Heute stehen uns Zeitungs- und historische Archive online zur Verfügung, und wir haben Zugang zu noch umfangreicheren Quellen bei den historischen Gesellschaften. Mit ihrer Hilfe können wir viele falsche Informationen korrigieren.

Das ist ehrlich gesagt genau das, was mich an der Geisterjagd so sehr fasziniert. Ich finde es hochinteressant, die wahren Geschichten aufzudecken. Wir haben bei unserer Arbeit für die Serie so viel entdeckt, dass wir gar keine Zeit hatten, alles aufzunehmen. Zum Beispiel beschäftigten wir uns mit sieben toten Soldaten, von denen im Zusammenhang mit dem alten Bauernhaus oft die Rede ist, aber wir konnten keine Beweise für sie finden. Es gab keine Aufzeichnungen über irgendwelche militärischen Aktivitäten in der Gegend, nicht einmal über ein Feldlager. Stattdessen konnten wir nachweisen, dass ein Mann in einem Schneesturm direkt vor dem Haus erfror, während seine Familie drinnen auf ihn wartete, und wir fanden den Hinweis auf einen Mann, der betrunken in der Scheune starb.

In der Gegend gab es enorm viele Suizide, mehr als in jedem anderen Fall, den ich je recherchierte, aber keine verwertbaren Beweise für eine Frau, die sich in der Scheune erhängt haben soll und von der viele vermuten, dass es sich um die Dame mit dem schiefen Hals handelt, die auf einer Wand im Keller abgebildet ist. Es gibt Gerüchte über viele weitere Todesfälle in und um das Haus herum, aber keine Beweise dafür. Ab diesem Zeitpunkt spielte man »Stille Post« über einen Zeitraum von zweihundert Jahren. Letztendlich führt die Spur ins Leere.

Eine unerwünschte Besucherin

Für eine Folge von *Ghost Hunters* fuhren wir ins ehemalige Essex-County-Gefängnis in New Jersey, um dort Nachforschungen anzustellen. Das verlassene Gebäude war 1837 gebaut und 1970 geschlossen worden. In dieser langen Zeitspanne konnte sich dort viel negative Energie aufbauen, zumal es einen Galgen gab, an dem Gefangene gehängt worden waren.

Als wir das Gebäude besuchten, war es in einem sehr schlechten Zustand, und es existierten zahlreiche Berichte über Schattenwesen, körperlose Schritte und das Klirren von unsichtbaren Schlüsseln. Damals hatten wir eine ungerade Zahl an Ermittlern, sodass es vorkam, dass einer von ihnen ohne Partner für eine Untersuchung war.

Während meiner Auszeit hatte ich eine ausgezeichnete Idee: Der Kameramann könnte mit mir zusammen ermitteln! Ich würde im Film zwar allein zu sehen sein, aber man musste kein Atomwissenschaftler sein, um zu wissen, dass ich nicht wirklich allein war, da mich ja jemand filmte.

Wir gingen hinunter in die Gänge unter dem Gefängnis. Ich wusste, dass der Komplex zu einem Zufluchtsort für obdachlose Drogenabhängige geworden war, aber die Gebäude, die wir in dieser Nacht untersuchten, waren vom Sicherheitsdienst überprüft worden, damit sich niemand darin aufhielt.

Als wir in die Gänge hinabstiegen, war mir nicht bewusst, dass wir uns außerhalb der Sicherheitszone befanden.

Schließlich bemerkte ich etwas, was wie ein Gitter in der Decke des Ganges aussah und was man bewegen konnte. Zu meinem Glück stand in der Nähe ein Fass, auf das ich kletterte, um nachzusehen, was dahinter lag. In diesem Moment hörte ich über mir ein Geräusch. Meine Neugierde war geweckt. War das ein Tier? Oder vielleicht ... ein Geist?

Ich hatte nicht kommen sehen, dass ich direkt einem Mann gegenüberstehen würde. Einem Mann, der sehr überrascht war, mich zu sehen, und dessen Gesicht mir signalisierte, dass ich nicht willkommen war. Und dass ich verschwinden sollte.

Ich sprang (fiel) hinunter und ging (rannte) aus dem Gebäude. Offensichtlich war der Sicherheitsdienst noch nicht in diesem Bereich gewesen.

Kapitel 3

Geisterjagd ist nur ein Hobby

Am häufigsten wird mir die Frage gestellt, wie man einen Job wie den meinen findet. Man reist durch das Land auf der Suche nach Spukerlebnissen und verdient seinen Lebensunterhalt mit einer Tätigkeit, die die meisten für ein äußerst merkwürdiges und teures Hobby halten.

Die Antwort lautet: Ich habe keine Ahnung.

Es gibt keine klassische Ausbildung für einen Job im Bereich des Paranormalen. Für mich fing es auch als Hobby an. Ich ermittelte jahrelang zum Spaß, bevor ich überhaupt etwas mit der Geisterjagd verdiente. In Wahrheit *kosteten* mich die Ermittlungen in den meisten Fällen eher Geld. Bei privaten Ermittlungen ist es sehr schwer, die Ausrüstung zusammenzustellen, die man benötigt, um sie auf dem Niveau durchführen zu können, das man sich vorstellt. Neben hohen Investitions- und Reisekosten muss man auch die Zeit einkalkulieren, in der man nicht arbeiten gehen kann. Für paranormale Untersuchungen kann man zwar auch nur eine Taschenlampe und die Aufnahmefunktion des Smartphones verwenden, aber das macht viel weniger Spaß, als wenn einem Geistwesen durch die Aufnahme einer SLS-(Structured-Light-Sensor-)Kamera zuwinken.

Damals dachte ich überhaupt nicht daran, die Geisterjagd zu meinem Beruf zu machen. Es dauerte lange, bis die Erforschung des Übernatürlichen zu einem tragfähigen Job wurde. Zum Glück kann ich mithilfe von *Ruhelose Seelen* überallhin reisen und tagelang forschen und recherchieren, was ich dann für meine Untersuchungen nutze. Ich vergesse keine Sekunde lang, dass ich unglaubliches Glück habe, das tun zu dürfen, was ich liebe, und eine Plattform zu haben, um meine Ideen und meine Arbeit mit der Welt zu teilen. Meine Dankbarkeit ist grenzenlos! Aber anfangs hätte ich mir niemals träumen lassen, dass dies einmal mein Job werden würde.

Um ehrlich zu sein, kann ich nicht einmal den genauen Zeitpunkt benennen, an dem ich anfing, nach Geistern zu suchen. Sie waren einfach immer da. Ich stamme aus einer Familie, in der alle eine besondere Gabe haben. Eine davon ist es, immer genau in die Häuser zu ziehen, in denen es spukt, wie sich dann etwas später herausstellte. Meine Tanten Roxi und Lizzie, die Schwestern meines Vaters, haben beide gewisse übersinnliche Fähigkeiten. Im Alter von sechzehn Jahren erkrankte meine Schwester an Enzephalitis und fiel ins Koma. Ich werde nie vergessen, wie meine Tanten im Krankenzimmer Heilrituale durchführten. Sie sangen und meditierten, dann räucherten sie den Raum mit Salbei, obwohl das in Krankenhäusern definitiv nicht erlaubt ist. Ich wuchs mit diesem Vertrauen in die Magie und in die Macht von Energie und Intentionen auf.

Stell dir vor, du bist als Kind ständig von diesen Dingen umgeben. Da kann man doch gar nicht normal sein.

Mein Vater hat Kräfte, die er aber streng für sich behält. Bis heute weiß ich nicht im Detail, was er im Zusammenhang mit dem Übernatürlichen tut. Er sprach darüber weder mit seinen Schwestern noch mit meiner Mutter. Ich bekam nur Bruchstücke davon mit. Ich glaube, die Leute rufen ihn an, um ihre Häuser von Geistern befreien zu lassen, aber wie oder warum er das tut – oder ehrlich gesagt, ob es funktioniert –, ist mir ein völliges Rätsel. Das mit der Verschwiegenheit könnte daran liegen, dass er von Beruf Physiker ist, und sein wissenschaftlicher Verstand widerspricht seinen übersinnlichen Fähigkeiten. Das Einzige, was ich mit Sicherheit über das weiß, was er tut, ist die Tatsache, dass er nie darüber sprechen wird.

Als ich zwölf war, nahm mich mein Vater einmal zu einem Fall mit. Zu der Zeit hatte ich keine Ahnung, was er machte. Unsere Freunde hatten ein wunderschönes Haus in Petaluma, Kalifornien, das sie vermieteten, aber es gab immer wieder Probleme damit. Jedes Mal, wenn sie es neu vermieteten, lief irgendetwas schief. Total schief. Die Mieter drehten durch, zertrümmerten Möbel, rissen Wände ein und zerstörten das Haus komplett. Das passierte dreimal hintereinander. Unsere Freunde waren überzeugt, dass das Haus verflucht sei oder dass es dort spuke. Als der letzte Mieter ausgezogen war, riefen sie meinen Vater an, um ihn zu fragen, ob er das Problem beheben könne.

Ich erinnere mich noch ganz genau: Wir fuhren mit dem Motorrad meines Vaters dorthin, und ich wusste sofort, nachdem wir das Haus betreten hatten, dass damit etwas nicht stimmte. Der Ort hatte eine wirklich seltsame Ausstrahlung. Mein Vater ging nach oben, um etwas zu erledigen, und ich beschloss, unten im Keller nachzuschauen. Alleine.

Und dort sah ich zwei rote Augen, die mich anstarrten.

Ich rannte sofort die Treppe hoch, schrie nach meinem Vater und erzählte ihm, was geschehen war. Danach konnte ich nicht länger in diesem Haus bleiben. Meine Mutter holte mich ab, aber mein Vater blieb dort, um seine Arbeit zu beenden. Er war die ganze Nacht allein im Haus, nur mit einem Schlafsack, einer Lampe und einem Buch ausgestattet. Soweit wir wissen, ist dort später nie wieder etwas passiert. Bis heute ist mir unklar, was dort los war und was mein Vater getan hat. Er will es niemandem erzählen. Und was ich sah, hätte sich auch ein fantasiebegabtes zwölfjähriges Kind ausdenken können. Ich müsste noch einmal in das Haus gehen und nachforschen, um wirklich eine Antwort zu finden. Aber in meiner Erinnerung ist das einer der gruseligsten und unheimlichsten Momente, die ich je erlebt habe.

Allerdings, und das kann ich gar nicht genug betonen, gab es eine Menge unheimlicher Momente. Mr. Green Jeans, wie meine Tanten den Soldaten gern nannten, der vor dem Fenster unseres Hauses in Alameda erschien, könnte der erste Geist gewesen sein, den ich als Kind gesehen habe, aber er war bei Weitem nicht der einzige. Wir alle erlebten zahlreiche weitere Geistererscheinungen. Als ich noch sehr klein war, also bevor ich in die Schule kam, passte Tante Roxi einmal auf mich auf. Ich wollte sie dazu bringen, ein Spiel weiterzuspielen, auf das sie keine Lust hatte. Wir waren in ihrem Schlafzimmer mit »dem Schrank, von dem jeder wusste, dass es dort spukte«, wie sie es beschreibt, und ich drängte sie, das Spiel zu beginnen. Dann, so erzählte sie, fing ein Kleiderbügel am Knauf der Schranktür an, sich gaaanz laaangsam im Kreis um den Knauf herumzudrehen, so langsam, dass es unmöglich der Wind gewesen sein konnte. Wir starrten ihn beide an. Ich war gerade mal vier Jahre alt, schrie laut und rannte weg.

Wenn du in der dritten Staffel von *Ruhelose Seelen* den Teil gesehen hast, in dem ein Geisterzug versucht, mich zu überfahren, weißt du ja, dass ich auch als Erwachsene manchmal noch wegrenne. Als Teenie war ich sehr »gothic« unterwegs, später war ich Punkerin, aber mehr als alles andere war ich das Mädchen, das sich *wirklich* für Geister interessierte. Ich war Stammkundin in den New-Age-Läden in San Francisco, besuchte zusammen mit meiner Mutter Esoterikmessen und erlebte Sylvia Browne (bevor sie öffentliche Prophezeiungen machte, die sich später als falsch herausstellten). Die Auseinandersetzung mit verschiedenen übernatürlichen Vorstellungen legten den Samen für die Theorien über das Paranormale, die ich in meinem Beruf entwickelte.

Als ich älter wurde und immer ernsthafter paranormale Nachforschungen anstellte, behielt ich diese Leidenschaft für mich. Ich sprach zwar ein wenig darüber, aber ich stellte mich neuen Kollegen nicht mit der Information vor, dass ich gern mehr über Verstorbene erfahre. Abgesehen von den Zeiten, in denen ich zusammen mit meinem Vater oder meinen Tanten forschte, war ich eine Einzelgängerin, machte mein eigenes Ding und untersuchte alles, was mir diesbezüglich in Nordkalifornien begegnete.

Nach dem Start von *Ghost Hunters* begannen überall Amateur-Geisterjäger, wie Pilze aus dem Boden zu schießen. Die Serie handelte von den Geisterjäger-Einsätzen der Organisation The Atlantic Paranormal Society (TAPS), ansässig in Warwick, Rhode Island. Schon bald nach der ersten Ausstrahlung der Serie tauchten die ersten Untersuchungsteams auf, und eins befand sich in der Nähe von Sacramento, wo ich damals lebte. Ich interviewte die Geisterjäger, und wir verstanden uns ausgezeichnet. Sie waren außerhalb meiner Familie die ersten Leute, mit denen ich ernsthaft ermittelte. Wir trafen uns einmal im Monat in der Bibliothek und gingen die Anfragen durch. Es waren viel mehr, als wir bewältigen konnten, denn *Ghost Hunters* war megaerfolgreich, und die Leute sprachen plötzlich ganz offen über Geister und Spukerscheinungen. Wir führten mit allen Interessenten telefonische Vorgespräche und ließen sie einen langen Fragebogen über die Aktivitäten ausfüllen, die sie beobachtet hatten. Danach gingen wir alle Anfragen der Reihe nach durch und entschieden, wer was tun würde.

Fast sofort nahmen die Ermittlungen meine gesamte Freizeit in Anspruch. Wir waren jedes Wochenende unterwegs, fuhren stundenlang zu den Schauplätzen der Fälle und übernachteten in kleinen Motels. Das war ein Riesenspaß! Uns trieb die Leidenschaft für die Geisterjagd an, und wir wollten den betroffenen Menschen helfen. Damals dachten wir, es gehe hauptsächlich darum, einen Spuk zu beweisen. Entweder entdeckten wir etwas und erklärten es den Hausbesitzern oder wir kamen zu dem Ergebnis, dass es gar kein Spuk war, und konnten sie beruhigen. Damals ging es eher darum, sagen zu können: *Das sind die Beweise, die wir gefunden haben. Ihr seid nicht verrückt, das ist wirklich passiert.* Wir überlegten nicht, was wir tun könnten, um eine Spukerscheinung zu beenden. Wir machten bei diesen Untersuchungen nicht den nächsten Schritt, um ein Problem zu lösen oder die Ursachen eines Spuks aufzudecken. Das war damals nicht angesagt. Es ging mehr um den Nervenkitzel der Geisterjagd und darum, Beweise für die reale Existenz von Geistern zu finden.

Das war das erste Mal, dass ich das Gefühl hatte, endlich »meine« Leute gefunden zu haben und nicht die einzige Verrückte zu sein. Es war richtig belebend und ein echtes Abenteuer.

Einer der Fälle, die wir in diesem ersten Team untersuchten, ereignete sich in Sacramento. Die Familie, die uns kontaktiert hatte, besaß ein wunderschönes Haus in einer netten Nachbarschaft, aber trotz des Immobilienbooms konnte sie es nicht verkaufen. Wir fuhren zwei- oder dreimal hin, um zu ermitteln und herauszufinden, was los war.

Der Sohn dieser Familie war ein paar Jahre zuvor bei einem Autounfall ums Leben gekommen, und was noch schlimmer war: Der Unfall geschah direkt vor ihrem Grundstück. Der Geist des Sohnes war im Haus anwesend, und er war verunsichert und sehr verärgert darüber, dass die Familie wegziehen wollte. Man konnte die Stimmung schon beim Betreten des Hauses spüren, und es gab viele Anzeichen seiner Wut wie zum Beispiel zuschlagende Türen. Seiner Familie gegenüber war der Geist des Sohnes bisher relativ ruhig gewesen, aber jetzt wollte er zu verstehen geben, dass ein Umzug für ihn ganz und gar nicht in Ordnung war.

Damals war es noch nicht üblich, mit den Leuten in Kontakt zu bleiben, nachdem wir ihre Fälle untersucht hatten. Ich glaube nicht, dass ich je wieder etwas von dieser Familie hörte. Ich weiß also nicht, was danach passierte oder ob wir wirklich klären konnten, was im Haus los war. Damals dokumentierten wir nur die Fakten. Ich wünschte, wir könnten noch einmal hinfahren. Es ist ein perfekter Fall für *Ruhelose Seelen*, und es wäre toll zu wissen, ob wir die Leute damals so unterstützen konnten, wie es notwendig gewesen wäre.

Während ich an diesen lokalen Fällen arbeitete, begann ich gleichzeitig, meine Spukerfahrungen zu erweitern. Ich vergrößerte meinen Radius und fuhr zu bekannteren Objekten wie dem Stanley-Hotel in Estes Park, Colorado. Dieses Hotel hatte Stephen King zu seinem Roman *Shining* inspiriert. Etwa 2007 war ich zum ersten Mal in dem Gebäude, um an einer Konferenz für paranormale Erscheinungen teilzunehmen. Dort lernte ich Dave Schrader kennen, den

Moderator von *Darkness Radio*, der später, im Oktober 2019, unseren TV-Event *Haunted Salem: Live* präsentierte.

Dave organisierte als einer der Ersten große paranormale Veranstaltungen, die über die gängigen Konferenzen hinausgingen und zu geselligen Zusammenkünften wurden. »Wir entwickelten aus kleineren Versammlungen mit vierzig, fünfzig Teilnehmern« in der Nähe des Büros der TAPS in Rhode Island »Großveranstaltungen mit dreihundert Leuten auf der *Queen Mary*, im Stanley-Hotel oder im Eastern-State-Gefängnis. Die großen Spukorte waren genau das Richtige für diese Teilnehmer«, sagte Dave.

Er erklärte, dass es vor den frühen Zweitausenderjahren Veranstaltungen wie seine, zu denen aufstrebende Stars der paranormalen Szene aus dem ganzen Land zu bekannten Locations kamen, nicht gegeben hätte.

»Es fanden zwar diese großen paranormalen Univ-Con-Konferenzen an der Pennsylvania State University statt«, sagte Dave. »Das war im Grunde ein Vortrag nach dem anderen von bekannten Geisterjägern wie Lorraine Warren, Lou Gentile, John Zaffis, aber das war nie [mein] Konzept einer Roadshow. Ich dachte, wir müssten immer wieder nach neuen Locations suchen, um das Interesse der Leute aufrechtzuerhalten, aber wir waren jedes Mal ausgebucht.«

Unter all diesen Geisterfans war auch ich. Im Rahmen der Veranstaltungen gab es Partys, bei denen man die paranormalen Berühmtheiten treffen und mit ihnen reden konnte. Tagsüber hörte man sich ihre Vorträge an, und nachts erforschten wir gemeinsam die Spukorte. Der Kreis schloss sich für mich, als ich Strange Escapes gründete, mein paranormales Reiseunternehmen, und selbst solche Events veranstaltete, weil es mir viel bedeutete, die Leute wiederzusehen.

Der Einstieg in eine größere paranormale Community war ein totaler Wendepunkt für mich. Auf der ersten paranormalen Konferenz (»Paracon«) lernte ich Leute kennen, die meine Leidenschaft für das Untersuchen und Forschen teilten. Aber vor allem merkte ich, dass ich mit meinen Ideen nicht allein war, und das nicht nur in Bezug auf die Kommunikation mit Geistern. Diese Menschen hielten genau wie ich Geister für reale Wesen, von denen wir ständig umgeben waren. Ich hatte lange Zeit nicht intensiv über solche Themen gesprochen. Klar, viele Leute glauben irgendwie an Geister. Aber ich glaube eben nicht nur an ihre Existenz, sondern interessiere mich so sehr für sie, dass ich sogar im Dunkeln an verlassene Orte gehe, um sie aufzuspüren. Versuch mal, auf einer Party mit lauter nicht am Paranormalen interessierten Gästen über die wirklich klaren EVP zu sprechen, die du gerade im Inneren eines Spukschiffes aufgenommen hast, und beobachte, was für Blicke du erntest …

Nicht so im Stanley-Hotel. Dort hatte ich eines meiner seltsamsten paranormalen Erlebnisse und eine ganze Truppe von Geisterfreaks, mit denen ich darüber reden konnte.

Ich untersuchte das Kutschenhaus des Hotels, das an der Seite des Hauptgebäudes lag und als Lagerraum genutzt wurde. Über diesen Raum gab es viele Gerüchte – zum Beispiel sollen darin amerikanische Ureinwohner gefangen gehalten worden sein –, aber keine Möglichkeit, um zu überprüfen, was dort tatsächlich passiert war. Der Raum war nicht öffentlich zugänglich, sodass es ein Privileg war, ihn überhaupt betreten zu dürfen. Im Grunde handelte es sich um eine Scheune mit Lehmboden, in der alte Matratzen lagen. Wir saßen alle auf einer Seite des Raumes und baten die dort anwesende Präsenz, näher zu kommen und mit uns zu sprechen. Plötzlich hörte ich schnelle Schritte. Sie waren so laut, dass sie nicht zu überhören waren. Wir fuhren alle hoch, denn es fühlte sich an, als ob uns etwas direkt ins Gesicht gesprungen wäre.

Wir hatten auch eine Spirit-Box laufen, ein umgebautes Radio, das die Stimmen von Geistern verstärkt. Es war das erste Mal, dass ich ein Gerät namens »Frank's Box« benutzte, und das erste Mal, dass ich Frank Sumption traf, der den Prototyp der Spirit-Box erfand, die wir heute verwenden. Aus der Box hörten wir klar und deutlich: *Bete allein.* Was auch immer mit uns da drin war, ging mit schweren Schritten vor dem Eingang hin und her, als würde es darauf warten, dass wir verschwinden.

Ich würde gern noch einmal ins Stanley-Hotel gehen, um herauszufinden, was sich dort wirklich aufhält und was ich in jener Nacht erlebte. Früher war das Hotel ein Ort, an dem es spukte und um den sich gruselige Legenden rankten, aber jetzt nicht mehr. Die Besitzer wollen keinen Spuktourismus mehr haben und gestatten keine paranormalen Veranstaltungen und Untersuchungen. Heute liegt ihr Schwerpunkt mehr auf Livemusik und Veranstaltungen von Illusionisten und Magiern. Ich habe es seit vielen Jahren nicht mehr dorthin geschafft, aber ich hoffe, dass sich die Tür eines Tages wieder für mich öffnen wird, damit ich der Frage auf den Grund gehen kann, wer oder was dort ist.

An den Events nahmen viele Leute teil, die als Amateurforscher aktiv waren, aber viele von ihnen waren auch Fans von *Ghost Hunters.* Es war das erste Reality-TV-Format, bei dem man echte Paraforscher bei ihrer Suche nach Geistwesen beobachten konnte. Heutzutage ist das etwas völlig Normales – schalte den Fernseher an irgendeinem Abend ein, und du siehst Leute, die nach Bigfoot oder Atlantis suchen –, aber damals war es ein Riesenereignis.

Zur Bewältigung der Flut an Ermittlungsanfragen, mit denen TAPS nach der Ausstrahlung der Sendung konfrontiert wurde, gründeten Jason (Jay) Hawes und Grant Wilson das TAPS Family Network. Paranormale Gruppen auf der ganzen Welt, die eine ähnliche Untersuchungsmethodik anwendeten, konnten sich um eine Mitgliedschaft bewerben, um Fälle in ihrer Nähe zu übernehmen. Unsere Gruppe in Sacramento war Teil der TAPS-Familie, zu der damals etwa hundertfünfzig Gruppierungen aus den Vereinigten Staaten gehörten.

Als ich mich mit Jay und Grant anfreundete, trübte sich das Verhältnis zwischen mir und einigen Mitgliedern der Sacramento-Gruppe, weil sie nicht verstehen konnten, dass diese berühmten Jungs lieber mit einem Neuling sprachen statt mit Leuten, die bereits seit Langem dabei waren. Ich hatte Grant einfach über *Myspace* eine Freundschaftsanfrage geschickt. Er nahm sie an und schrieb mir folgende Nachricht: »Willkommen im Wahnsinn.« Wir fingen an zu chatten und entdeckten, dass wir an Kunst und Musik interessiert waren und ähnliche Theorien über das Paranormale hatten.

Zu dieser Zeit arbeitete ich nebenbei als Producerin für einen paranormalen Podcast, der aus dem TAPS Family Network hervorgegangen war. Einige Gruppen für paranormale Forschungen, die zum Netzwerk gehören, steuerten Inhalte bei. Ich war keine Moderatorin, sondern ich buchte Gäste wie zum Beispiel das spirituelle Medium Derek Acorah, John Zaffis, den Gründer der Paranormal Research Society of New England, und den Skeptiker James Randi, der im Rahmen der *One Million Dollar Paranormal Challenge* ein Preisgeld in Millionenhöhe versprach, wenn jemand unter wissenschaftlichen Testbedingungen seine übernatürlichen Fähigkeiten unter Beweis stellen könnte.

Außerdem hatte ich damit begonnen, bei »Paracon« Vorträge über die Gruppendynamik in paranormalen Forschungsteams zu halten. Ich hatte aus Neugierde Informationen darüber gesammelt, wann und wie sich Gruppen bildeten, und Fragebögen über das TAPS-Netzwerk und über *Myspace* verschickt. Ich erhielt schließlich Antworten von über fünfhundert Gruppen aus dem ganzen Land.

Ich versuchte herauszufinden, weshalb die Leute forschten, wie sie vorgingen, welche Überzeugungen sie vertraten, welchen Bildungsstand sie hatten, wie die Gruppen strukturiert waren. Einfach alles über ihre Aktivitäten. Was ich herausfand, war faszinierend: Fast alle dieser Gruppen hatten sich nach der Premiere von *Ghost Hunters* gegründet, und die meisten Mitglieder hatten vorher nicht einmal ein Buch über das Paranormale gelesen. Sie richteten sich bei ihren Untersuchungen komplett nach dem, was sie im Fernsehen sahen.

Ich habe schon immer leidenschaftlich gern recherchiert und mir während der ganzen Zeit, die ich in meiner Jugend in Bibliotheken verbracht habe, ein umfangreiches historisches Hintergrundwissen angeeignet. Ich sah darin eine kleine Marktlücke, die ich für meine Zwecke nutzen wollte. In den Zweitausenderjahren erlebten wir im Grunde eine Wiederbelebung der Spiritismus-Bewegung des 19. Jahrhunderts. Damals bestand die Abendunterhaltung vieler Menschen darin, mit Geistern zu kommunizieren. Die modernen Ermittler mögen zwar von dem inspiriert worden sein, was sie im Fernsehen sahen, aber es gab weitaus mehr über das Paranormale zu lernen.

In unseren Gesprächen vermittelte ich ihnen den historischen Hintergrund der Geisterjagd und stellte einige Bücher zu diesem Thema vor, die ich für glaubwürdig hielt. Ich empfahl ihnen unter anderem *ESP, Hauntings and Poltergeists. A Parapsychologist's Handbook* von Loyd Auerbach und *Communicating With the Dead. Reach Beyond the Grave* von Jeff Belanger.

Während ich bei Konferenzen referierte und für den Podcast arbeitete, produzierten Jay und Grant eine paranormale Radiosendung mit dem Titel *Beyond Reality Radio,* die landesweit ausgestrahlt wurde und für die sie einen erfahrenen Producer suchten. Sie wurden darauf aufmerksam, wen ich als Gäste in meine Sendung einlud, und fragten mich, ob ich Interesse hätte, bei ihnen einzusteigen. In San Francisco, wo sie eine Folge drehten, trafen wir uns zum ersten Mal persönlich, obwohl wir zu diesem Zeitpunkt schon eine Weile zusammengearbeitet hatten.

Sie stellten mich Kris Williams vor, die neu in ihrem *Ghost-Hunters*-Team war. Wir verstanden uns sehr gut. Ein paar Monate später kamen alle noch einmal in die Bay Area, um eine weitere Folge zu drehen. Zu diesem Zeitpunkt fragte *Ghost Hunters International* offensiv bei mir an, ob ich ihre Show übernehmen wollte, was ich mehrfach ablehnte. Ich hatte einen guten Job im Gesundheitswesen mit Extraleistungen und einer Krankenversicherung, den ich nicht aufgeben wollte, nur um in Europa Geister zu jagen. Aber als Jay und Grant mitbekamen, dass ich angefragt worden war, luden sie mich ein, bei *Ghost Hunters* mitzuwirken.

Ich erinnere mich daran, das Ganze für einen Riesenfehler gehalten zu haben. Meinen Job hinzuschmeißen, um in einer Reality-TV-Serie Jagd auf Geister zu machen, klang wie die dümmste, unvernünftigste Entscheidung, die ich jemals treffen könnte.

Damals waren mein Ex und ich schon getrennt, und ich war am Ende. Ich hatte keine Ahnung, wie es weitergehen sollte. Jay und Grant riefen mich wieder an und baten mich, bei einem Fall mitzumachen, den sie in Kalifornien drehten. »Probier es einfach aus und schau, was du davon hältst«, meinten sie. Kris war inzwischen eine gute Freundin geworden, und ich war dafür vorgesehen, sie bei Untersuchungen als Partnerin zu begleiten. »Ich habe ziemlich lautstark gesagt, dass ich Amy in der Serie haben wollte«, erzählte Kris, »wenn wir schon eine weitere Person dazunehmen, mit der ich zusammenarbeiten sollte, dann wäre es schön, wenn ich mit ihr befreundet wäre.«

Also ging ich dorthin. Ich werde es nie vergessen: Mein erster Fall war das Clovis-Avenue-Sanatorium in Clovis, Kalifornien, und gleich danach mein zweiter Fall der ehemalige Flugzeugträger *USS Hornet* in Alameda, wo wir in unserem Spukhaus gelebt hatten. Für die Sendung wurden die Fälle getauscht, und es sah so aus, als ob mein erster Fall in Alameda gewesen sei, in Wirklichkeit war es aber andersherum.

Es ist seltsam, wenn ich an diese ersten Folgen zurückdenke, denn die paranormalen Erlebnisse sind mir bei Weitem nicht mehr so in Erinnerung wie meine Nervosität, als ich zum ersten Mal vor der Kamera stand. Stell dir das wie am ersten Tag in einer neuen Schule vor, wo alle schon eine eng zusammengeschweißte Gruppe bilden und wissen, wie der Hase läuft, nur du nicht. Ich habe versucht, mit den anderen mitzuhalten und mich in die Gruppendynamik einzufügen, aber gleichzeitig war mir die Filmkamera extrem bewusst, und ich habe versucht, die Aufnahmen nicht zu vermasseln.

Außerdem, und das meine ich liebevoll, war nicht jeder im Team begeistert davon, mich dabeizuhaben. Besonders Steve Gonsalves war mir gegenüber ziemlich misstrauisch. Er achtete sehr auf die TAPS und die Art und Weise, wie sie arbeiteten, und ich war ihm völlig unbekannt. Ich kann es ihm nicht verdenken, ich war für ihn nur irgendeine junge Frau aus Kalifornien. Er war am schwersten zu überzeugen, aber es hat sich gelohnt. Er ist bis heute einer meiner besten Freunde.

Ich hatte zwar bereits eine Menge an paranormalen Untersuchungen hinter mir, fühlte mich aber immer noch relativ neu in der Materie, und ich hatte noch nie etwas in der Größenordnung von *Ghost Hunters* gemacht. Ich war jedoch fest entschlossen, mich von der Situation nicht einschüchtern zu lassen, und nahm mir vor, den ersten Fall im Clovis-Sanatorium wie jeden anderen zu behandeln. Ich ging hinein, stellte Fragen und forschte, so gut ich konnte (und ohne mich vor der Kamera zu blamieren). Ich versuchte einfach, authentisch zu sein und so zu tun, als ob das Team nicht da wäre. Falls du schon einmal vor einer Kamera gestanden hast, weißt du, dass das leichter gesagt als getan ist, wenn die Linse auf dich gerichtet ist.

Dass ich mit Kris zusammenarbeitete, war äußerst hilfreich. Sie war auch noch recht neu und damals gerade erst seit einem Jahr dabei. Ich erinnere mich, wie wir uns einmal unterhielten und Witze machten, uns einfach ganz normal verhielten, und das fühlte sich richtig entspannt an. Dann drehte ich meinen Kopf, sah die Kamera und flippte völlig aus. *Da draußen sehen mich Millionen von Augen,* dachte ich. *Millionen!* Dann hörten Kris und ich vom Keller aus, wie ein etwa softballgroßes Stück Beton quer durch den Raum darüber geschleudert wurde.

Da richtete ich meine ganze Aufmerksamkeit definitiv wieder auf die Geister.

Das ehemalige Herrenhaus war zu einem Sanatorium umfunktioniert worden und eindeutig ein Spukhaus. Bei der gleichen Untersuchung erlebte Grant die lauteste körperlose

Stimme, die er je gehört hatte. Ein Mann sagte: *Ich mag den mit dem Hut,* womit er Jay meinte. Das Haus hatte jahrzehntelang leer gestanden, bevor es zu einem Spukort wurde. Der Besitzer, Todd Wolfe, der TAPS (und die TV-Sender von *Die Geister-Detektive* und *Das Medium und der Cop – Paranormale Fälle*) angerufen hatte, wollte das Haus in ein Hotel unter dem Namen »Wolfe Manor« umfunktionieren – mit den Geistern als zusätzlicher Attraktion –, aber das Gebäude wurde schließlich abgerissen.

Nach diesen beiden Fällen fragten mich Jay und Grant: »Wir sind auf dem Weg nach San Diego, willst du mitkommen?« Also stellte ich meinen Wagen am Haus meiner Großmutter ab und ging mit ihnen, um nie wieder zurückzukehren. Mit *Ghost Hunters* war ich dann sieben Jahre lang unterwegs.

Bei meinem Kündigungsgespräch erzählte ich der Dame des Human Resource Managements, dass ich gehe, um in einer Reality-TV-Serie Geister zu jagen. Die Frau sah mich an, als sei ich völlig durchgeknallt. Aber so fing alles an. Ich hatte die Vorahnung, dass sich mir durch die Mitarbeit bei *Ghost Hunters* weitere Türen öffnen würden. Ich dachte, die Serie liefe vielleicht über eine oder zwei Staffeln – Mannomann, hab ich das unterschätzt –, und dann würde ich etwas anderes tun. Die Serie führte mich schließlich nach New England, wo ich längere Zeit lebte und den Vater meiner Tochter Charlotte kennenlernte. Meine damalige Entscheidung eröffnete mir einen ganz neuen Lebensabschnitt, zu dem es sonst nie gekommen wäre.

»Als Amy kam, hatte ich das Gefühl, endlich dazuzugehören«, sagte Kris. »Es half mir sehr, dass sie schon viel länger mit der Geisterjagd zu tun hatte als ich. Es dauerte eine Weile, bis wir unsere Balance fanden, aber dann lief es prima.«

Ich war begeistert vom historischen Teil der Ermittlungen und von der Recherche und übernahm später die Funktion der leitenden Forscherin bei *Ghost Hunters*. Doch zu diesem Zeitpunkt war Kris noch dafür zuständig. Ich ergänzte ihre Arbeit, wenn ich konnte, aber es war ihre Aufgabe, sich in die Geschichte zu vertiefen und Aufzeichnungen zu durchforsten, um unsere Liveermittlungen zu leiten. Anfangs war ich mehr mit der Technik beschäftigt. Wir hatten beide unsere Aufgabengebiete und unterstützten uns gegenseitig. Hinsichtlich der Skepsis waren wir uns aber oft uneins. Kris war immer viel skeptischer als ich, suchte stets nach jeder nur möglichen Erklärung und zweifelte später an dem, was sie gesehen hatte. Ich war aufgrund meiner bisherigen Erfahrungen eher bereit, an die sonderbarsten Dinge zu glauben. Wir sahen zum Beispiel einen zwei Meter hohen Schatten in einem Raum und bestätigten beide, was wir erlebt hatten, aber später war sich Kris nicht mehr sicher, ob sie überhaupt etwas gesehen hatte.

»Amy ist viel überzeugter als ich«, sagte Kris. »Ich habe mich immer sehr auf Fakten, Aufzeichnungen und eindeutige Beweise gestützt, aber das Paranormale kann meiner Meinung nach nicht eindeutig bewiesen werden. Normalerweise beginnen wir mit einem Fall, ich klappere die Geschichte ab, und wir sprechen über die angeblichen Ereignisse. Auf dieser Grundlage entscheidet sie dann, welche Technik wir einsetzen und wozu wir sie verwenden.«

Ich stieß in der Phase zu der Serie, als sie am erfolgreichsten war. Vor der Zeit des Streamings und der Digital Video Recorder (DVR) schalteten die Zuschauer jeden Mittwochabend um 21.00 Uhr ein. Wir hatten im Durchschnitt fast drei Millionen Zuschauer pro Folge und gehörten zu den Sendungen mit den besten Quoten. Die Leute standen stundenlang an, um bei Veranstaltungen Autogramme von den Geisterjägern, die wie Rockstars umjubelt wurden, zu erhaschen. Da mich nach den ersten paar Folgen noch niemand kannte, beobachtete ich den Hype um sie aus nächster Nähe. Luden wir vor einem Hotel die Ausrüstung aus, kamen die Leute schreiend angerannt, um sie zu sehen. Ich dachte nur: *Worauf habe ich mich da bloß eingelassen?*

Ich drehte sieben Staffeln von *Ghost Hunters*, insgesamt hundertneunzehn Folgen. Es war eine verrückte Zeit. Nachts waren wir wach, um zu recherchieren, tagsüber schliefen wir und wiederholten das Ganze dann noch einmal. Ich sage den Leuten immer, dass das Reisen mit TAPS wie mit einer Band war, nur ohne Sex, Drogen oder Rock 'n' Roll.

Wenn ich nicht zugesagt und diese verrückte Chance ergriffen hätte, wäre ich wahrscheinlich noch in Nordkalifornien, immer noch auf Geisterjagd und sehr verliebt in dieses Hobby. Ich glaube, ich habe diesen Schritt gemacht, weil es für mich genau der richtige Zeitpunkt war, um meine Vergangenheit in Sacramento hinter mir zu lassen und ein neues Kapitel in meinem Leben aufzuschlagen. Aber ich tat es nie in der Absicht, berühmt zu werden oder im Fernsehen aufzutreten. Deshalb werde ich stutzig, wenn ich Videos von Leuten sehe, die riskante Experimente machen wie zum Beispiel den Versuch eines Exorzismus oder einer »Teufelsbeschwörung«. Sie spielen mit etwas, was sie nicht verstehen, und ich habe den Eindruck, dass sie dadurch für fünfzehn Minuten Ruhm erlangen wollen. Aber solche Aktionen können höchst fatale Folgen haben.

Die meiste Zeit war es toll, Teil der Sendung zu sein, aber es konnte auch recht stressig werden. Es gab Spannungen innerhalb des Teams und gelegentliche Streitereien, bei denen es darum ging, die eigene Stellung zu schützen und zu verteidigen. Außerdem wurde mir ständig angedroht, dass man mich feuern würde. Aber je negativer die Situation wurde, desto mehr stachelte mich das an weiterzumachen. »Es war eine seltsame Dynamik, weil das Team im Grunde genommen zusammenlebte«, sagte Kris. »Das konnte ziemlich heftig sein.«

Sie und ich haben viel zu viel der negativen Posts über uns gelesen und uns die Kritik zu Herzen genommen. Heute bin ich daran gewöhnt, dass die Leute online, sagen wir, »weniger freundlich sind«, aber damals nahmen wir das sehr ernst. Obwohl es so viele nette Menschen gab, die uns und die Sendung lobten, achteten wir viel mehr auf das Negative als auf das Positive.

Das ist einer der Gründe, warum ich keine gute Antwort auf die Frage habe, wie man ein professioneller Paraforscher wird. Es gibt vielleicht ein paar Dutzend von uns, die das hauptberuflich machen, aber bei jedem Event erzählen mir viel mehr Leute, dass sie einen Job wie meinen haben wollen. Besonders Teenager träumen davon, »echte« Geisterjäger zu werden. Ich würde ihnen gern einen »todsicheren« Weg in dieses Leben aufzeigen, aber es hat mich Jahre wirklich harter Arbeit gekostet, und ich musste mir von jedem Menschen in meinem Leben anhören, dass ich verrückt sei, bevor ich es geschafft hatte. Und selbst heute kann ich nicht mit Sicherheit sagen, ob ich das für immer und ewig machen werde. Deshalb betone ich auch ständig, dass meine Tätigkeit ein Hobby und kein Beruf ist. Wenn du viel Glück hast, kannst du damit Geld verdienen. Aber ganz ehrlich: Du solltest einen Plan B haben.

Das TAPS-Team hielt mich ziemlich auf Trab, das ist mal sicher. Aber das Positive überwog stets das Negative. Ich bin unglaublich dankbar für die Chance, die sie mir gaben, und ich stehe immer noch mit vielen von ihnen in Kontakt. Wir haben einen langen Weg zusammen zurückgelegt und sind am anderen Ende als bessere Menschen angekommen. Kris ist immer noch eine großartige Freundin von mir. Sie ist die loyalste Person, die ich je kennenlernte, und die aufrichtigste Einwohnerin New Englands, der man je begegnen wird. Sie ging zu *Ghost Hunters International.* Nachdem *Ghost Hunters* 2016 eingestellt wurde, startete Grant ein Comeback der Serie auf einem neuen Sender, und Jay, Steve und Dave Tango zogen weiter zu *Ghost Nation.*

Mit Adam Berry, der 2010 von *Ghost Hunters Academy* dazustieß, verstanden wir uns sofort. Es gab keine Konkurrenzgefühle oder Spannungen, so wie ich es mit anderen Leuten in diesem Umfeld erlebte. Wir waren einfach wir selbst und machten uns keinen Kopf um andere.

Innerhalb eines Jahres waren wir dreihundert Tage lang unterwegs. In jeder Folge führten wir mindestens zwei Untersuchungen durch. Wir sprechen also von Hunderten von Ermittlungen im Laufe der Jahre. Unter allen Hinweisen, die wir fanden, kam als EVP *Hilf mir* am häufigsten vor. Hundertfach musste ich Geister zurücklassen, denen ich nicht beistehen konnte, obwohl sie Unterstützung brauchten.

Seitdem ich den Fokus meiner Untersuchungen verändert habe, um das *Warum* und nicht nur das *Was* zu erfahren, erlebte ich oft, dass Geister Hilfe benötigten, weil sie nicht wussten, wo sie waren oder was mit ihnen geschah. Manche wünschten sich Hilfe bei unerledigten Angelegenheiten. Manche wollten einfach nur, dass man sich ihrer erinnerte. Dann hörte ich eines Tages Geister weinen, hatte aber keine Zeit, um ihnen zu helfen. Wir mussten einen Produktionsplan einhalten und Flugzeuge erreichen, um zum nächsten Ort zu kommen. Das war der Moment, an dem ich einen

Gang herunterschaltete. Ich konnte die Geister nicht länger im Stich lassen, so wie damals die Krankenschwestern in Waverly Hills.

An diesem Tag brachen sowohl mein als auch Adams Herz. Deshalb kam uns beiden der Gedanke, dass es uns gemeinsam gelingen könnte, unseren eigenen Weg im Bereich des Paranormalen zu finden. Es war an der Zeit, unsere Ideale zu verwirklichen.

⌒ Die Geister des Biltmore-Hotels

In den Anfängen von *Ghost Busters* checkte ich im Providence-Biltmore-Hotel, Rhode Island, ein, heute das Graduate-Providence-Hotel. Wir wohnten dort für die Dauer der ganzen Folge. An der Rezeption erhielt ich meinen Zimmerschlüssel, und der Hotelpage ging mit mir nach oben, da ich eine Tonne an Gepäck dabeihatte, denn ich war vier Wochen lang unterwegs.

Wir versuchten, meine Zimmertür zu öffnen. Das Türschloss funktionierte, doch der Schließriegel war von innen verschlossen. Wir versuchten es mehrmals, aber der Riegel bewegte sich nicht. Der Page fand die Sache seltsam. Deshalb klopften wir an, offensichtlich war jedoch niemand im Raum.

Der Page ging nach unten, um einen Zentralschlüssel zu holen. Während ich vor der Tür auf seine Rückkehr wartete, hörte ich, dass im Zimmer das Telefon klingelte – und zwar unaufhörlich. Nach einer langen Zeit kehrte der Page unverrichteter Dinge zurück und sagte, er könne den Hausmeister mit dem Zentralschlüssel nicht finden.

»Ich habe gehört, dass jemand angerufen hat, um herauszufinden, ob das Zimmer belegt ist«, sagte ich.

»Aber ich habe niemandem erzählt, was los ist«, sagte er. »Keiner hat angerufen.«

Wie bitte?

»Ich suche nach jemand anderem«, sagte der Page. Und ich: »Wissen Sie, was? Lassen Sie uns den Schlüssel noch einmal ausprobieren.« Diesmal funktionierte es. Wir öffneten die Tür und konnten kaum glauben, was wir dann sahen: Jede Schublade war herausgezogen, von der Kommode, vom Nachttisch, überall. Die Schranktür stand weit offen. Es war total unheimlich.

Wir hatten beide versucht, die Zimmertür zu öffnen. Er sah mich an und war bleich wie ein Gespenst. Er hatte durch den Türspalt den Schließriegel gesehen. Wir beide hatten den Schließriegel gesehen. Wir hatten versucht, die Tür aufzudrücken, doch der Riegel war vorgelegt.

Ich meinte nur: »Nun, ich kann es kaum erwarten, *hier* die nächsten eineinhalb Wochen zu verbringen.«

Danach passierte nichts mehr, aber das war auf jeden Fall ein spannendes Erlebnis gewesen.

Ich glaube, wenn Geister Möbel bewegen, ist das ein Zeichen. Eine Art, uns mitzuteilen: *Hey, wir sind hier. Wir wollen dich nur darauf aufmerksam machen.* Ich würde es zumindest so machen. Kannst du dir das vorstellen, so wie in *Poltergeist* mit all den aufgestapelten Stühlen? Dinge werden weggeräumt, die gar nicht wegsollen. Das ist ein eindeutiger Hinweis darauf, dass etwas da ist, was man nicht sehen kann, und man denkt: *Ich war das jedenfalls nicht.* Ich bin da eine Ausnahme, denn ich lasse tatsächlich alle Schranktüren offen stehen. Das treibt mein Umfeld in den Wahnsinn.

Kapitel 4

Du kannst keinen Geist ins Jenseits schicken

Nachdem ich meine Tochter bekommen hatte und ein Leben auf der Überholspur nicht mehr bewältigen konnte, war ich bereit, *Ghost Hunters* zu verlassen. Gleichzeitig war ich in der Sendung an einem Punkt angekommen, an dem ich so viel gelernt und mich derart weiterentwickelt hatte, dass ich offen war für eine Veränderung. Das hatte nichts mit den Menschen zu tun, mit denen ich zusammenarbeitete – wir waren mittlerweile alle in einer guten Position –, aber mein Wunsch, zu Hause bei meiner Tochter zu sein, und das Gefühl, dass es an der Zeit war, meinen Horizont zu erweitern, bewegten mich dazu, dieses Kapitel abzuschließen.

Ruhelose Seelen existierte nicht einmal im Traum, als ich *Ghost Hunters* verließ. Aber als Adam und ich das Konzept entwickelt hatten und sich eine Chance bot – eine mit viel weniger Reisetätigkeit und einem umsetzbaren Zeitplan –, waren wir uns einig, dass wir die Serie machen wollten. Ein Haufen Arbeit musste erledigt werden. Ich habe es ja bereits gesagt, und ich werde es so lange sagen, wie es mir möglich ist: Geister sind auch Menschen. Für mich bedeutet das nicht nur, dass wir herausfinden, wer sie sind und warum sie noch hier sind, um ihnen dann zu helfen, weiterzuziehen und Frieden zu finden. Für mich steht im Vordergrund, ihren freien Willen zu respektieren – in dem Maße, in dem sie ihn noch haben – und vor allem ihre persönlichen Überzeugungen zu achten.

Deshalb werde ich auch niemals einen Geist überreden, ins Jenseits zu gehen, geschweige denn die Auffassung teilen, dass es in Ordnung sei, es zu versuchen.

Die Vorstellung, eine Seele zu überreden oder ihr zu sagen, sie solle »ins Licht gehen«, fand ich schon immer herablassend. Wir hören den Seelen nicht zu, wir versuchen nicht, ihnen zu helfen, wir gehen einfach hin und schreiben ihnen vor, was sie tun sollen. Woher nehmen wir das Recht oder die Macht, das für jemand anderen zu entscheiden?

Wenn ich so etwas höre, denke ich immer nur: *Du weißt doch gar nicht, was da drüben geschieht.* »Nur zu, du kannst ins Licht gehen.« Das habe ich schon oft gehört. Ich finde es einfach anmaßend, mit den Geistern zu reden, als seien sie Dreikäsehochs, als sei die ganze Zeit dieses helle Licht hinter ihnen gewesen und sie hätten nur noch nicht daran gedacht, dass es eine gute Idee sein könnte, sich das mal genauer anzusehen. Was, wenn da gar kein Licht ist? Was, wenn da gar nichts ist? Es ist eine Tatsache, dass wir es schlicht und ergreifend nicht wissen.

Die wenigsten Menschen haben eine Vorstellung davon, was nach dem Tod geschieht oder wie es auf der anderen Seite überhaupt aussieht. (Natürlich bilden die Menschen mit einer Nahtoderfahrung eine Ausnahme wie zum Beispiel Chip Coffey, der tatsächlich mit Verstorbenen kommunizieren kann.)

Ich finde die Vorstellung toll, jemandem zu helfen, der –
egal ob freiwillig oder wegen der Umstände – dageblieben
ist. Meine Theorie, und es ist wirklich nur eine Theorie, denn
es gibt keine Möglichkeit, irgendetwas davon zu beweisen,
lautet, dass Menschen aus einem bestimmten Grund hierbleiben. Da ist irgendetwas, was sie nicht verlassen können.
Die klassische Vorstellung von einer unerledigten Aufgabe.
Ich denke, wenn du ihnen bei dem hilfst, was sie brauchen,
und ihre Botschaft weitergibst, werden sie hoffentlich weiterziehen können. Nicht du machst diesen Job! Du hilfst ihnen nur, diese Aufgabe zu erledigen, damit sie dann ihre
eigenen Entscheidungen treffen können.

Bevor ich intensiver darüber nachdachte, glaubte ich an die
Theorie, es sei das Ziel einer paranormalen Untersuchung,
erstens Beweise für Geister zu finden und sie zweitens zu
vertreiben. Wenn ich mich dabei so richtig gruseln konnte,
umso besser! Das versuche ich längst nicht mehr. Ich konnte
mit eigenen Augen sehen, dass Geister existieren, und ich
hatte Angst für ein ganzes Leben. Irgendwann dachte ich
nur noch: *Warum sind wir so von uns überzeugt, dass wir
zu wissen glauben, was die Geister brauchen?* Das war der
Punkt, an dem ich anfing, sie zu fragen, was sie benötigen,
und wirklich zuzuhören, denn ich wollte ihnen helfen.

Mit unserem Konzept für *Ruhelose Seelen* wollten Adam
und ich einen Rahmen schaffen, um die Geschichte jedes
Geists zu erzählen, den wir vorfanden. Wir wollten herausfinden, wer sie waren, und noch mehr, warum sie immer
noch hier waren. Fast immer konnten wir den Grund dafür
in Erfahrung bringen.

»Ich glaube, wir haben Mitgefühl reingebracht. Es war
zwar schon immer vorhanden, aber die TV-Sendungen haben sich nicht groß darum gekümmert, weil sie befürchte-

ten, dass es sonst keinen Spaß macht zuzusehen«, sagte Adam Berry. »Es ist wichtig, Geistwesen mit Respekt, Verständnis und Empathie zu behandeln.« Er vergleicht unsere Vorgehensweise mit dem Verhalten von Gästen auf einer Party, bei der man niemanden kennt. »Du würdest ja auch nicht reinkommen und sagen: ›Hallo, unterhaltet euch mal mit mir.‹ Du würdest eher sagen: ›Hallo, ich heiße ... Aus diesem und jenem Grund sind wir hier. Wie geht's?‹«

In der zweiten Staffel von *Ruhelose Seelen* luden uns Delanne und Wayne für Untersuchungen in ihr Haus in Somersworth, New Hampshire, ein. Sie glaubten, ihre drei Kinder würden von einer dunklen Präsenz bedroht. Ihre beiden Söhne hatten das Gefühl, nachts gewürgt zu werden, und ihre Tochter sah den düsteren Schatten eines Mannes in ihrem Schlafzimmer. Sie hatten den Eindruck, ihr Haus sei nicht sicher, und wollten wissen, was da geschah und wie man es loswerden könnte.

Das Haus lag in der Nähe des früheren Wohnsitzes von Joseph Kelley, einem berüchtigten Mörder, der vor über einem Jahrhundert einer Bankmitarbeiterin die Kehle durchgeschnitten hatte. Aufgrund des offenbar bösartigen Spuks dachten wir, dass es Kelley sein könnte. Wir vermuteten aber auch den Geist von Delannes Bruder, der vor vielen Jahren verstorben war. Doch auf unsere Kontaktaufnahme reagierte keiner der beiden.

Wir machten noch einen anderen Hinweis ausfindig. Wayne hatte im Hinterhof des Hauses einen Grabstein freigelegt, der einen Meter unter der Erde vergraben gewesen war. Der Stein war für Hollis B. Corbett, einen Veteranen des Ersten Weltkriegs, der 1946 verstorben war. Bei meiner Recherche hatte ich das Bestellformular für einen Grabstein entdeckt, das seine Frau vor über siebzig Jahren ausgefüllt hatte. Die

Inschrift seines Grabsteins auf dem Friedhof entsprach jedoch nicht dem, was sie geschrieben hatte. Da stand »Hollie B. Corbett«.

Ich weiß nicht, wie es dir ginge, aber ich wäre *stinksauer*, wenn der Name auf meinem Grabstein falsch geschrieben wäre.

Dank dieser Information hatten wir eine konkrete Spur, die wir bei den Ermittlungen in dieser Nacht verfolgen konnten. Wir sprachen mit Mr. Corbett über seine Tochter, die in jungen Jahren verstorben war, was erklärte, warum er so an Delannes und Waynes Tochter interessiert war. Was die Söhne betrifft, so glauben wir, dass sie eine Schlafparalyse erlitten haben könnten. Ich sprach mit einem Psychologen, der auf Schlafstörungen spezialisiert war und der bestätigte, dass die Symptome dafürsprächen.

Wir erhielten ebenso einige EVP, die darauf hindeuteten, dass Mr. Corbett nicht mit seinem falsch beschrifteten Grabstein zufrieden war. Als ich ihn fragte, ob er im Alter von neunundvierzig Jahren gestorben sei, korrigierte er mich unverzüglich. *Vierzig … acht,* antwortete er.

Adam und ich waren jetzt absolut sicher, was getan werden musste, damit Mr. Corbett seinen Frieden fand. Der Grabstein aus dem Hinterhof – der vom Vorbesitzer des Hauses aus einem Schutthaufen geborgen worden war – musste auf den Friedhof versetzt werden. Delanne und Wayne waren erleichtert, als sie erfuhren, dass die Präsenz in ihrem Haus nicht gefährlich war. »Hollis, ich verstehe, dass Sie versucht haben, mit uns zu kommunizieren, doch ich habe bis heute nicht verstanden, was Sie wollten«, sagte Delanne. »Aber jetzt weiß ich Bescheid und werde das für Sie erledigen. Ich veranlasse, dass Ihr Stein dorthin kommt, wo er hingehört. Wir sind jetzt Ihre Familie und kümmern uns um Sie.«

»Wir haben Gründe, warum wir bestimmte Dinge tun«, sagte Adam. »Wenn wir etwas haben wollen, besorgen wir es uns, weil wir es brauchen. Warum sollte sich das im Jenseits ändern? Wenn jemand wegen einer unerledigten Aufgabe hier ist und es einen Grund für seine Existenz außerhalb der jenseitigen Welt gibt, dann sollte man versuchen, die Ursache herauszufinden, und ihm auf diese Weise helfen.«

Der Paraforscher John E. L. Tenney, der oft mit anderen »Weirdos«, wie er Leute wie uns liebevoll nennt, zu den Strange-Escapes-Veranstaltungen kommt, ist der Meinung, dass es aufgrund der menschlichen Psyche unmöglich ist, Seelen zu irgendetwas zu überreden. »Wir haben ja schon Schwierigkeiten damit, zu kommunizieren und die Ideen von Menschen, die uns physisch gegenübersitzen, zu verstehen. Wie soll man da die Absichten, Motive, Gedanken und Wünsche einer unsichtbaren Person oder dessen, was einmal eine Person war, erfassen?«

Meine persönliche Überzeugung ist wie gesagt, dass wir viel zu wenig über das Jenseits wissen, um jemandem sagen zu können, was er dort tun soll. Wir wissen nicht, auf welcher Ebene diese Wesenheiten existieren; wir wissen nicht, wie lange sie dort sind oder wie lange sie zu bleiben gedenken; wir wissen nicht, ob sie überhaupt weiterziehen wollen. Und wie John sagte: Wir haben nicht das Recht, Behauptungen darüber aufzustellen, warum Seelen ins Licht gehen sollten, da wir nichts über ihre Glaubensvorstellungen wissen.

»Gesetzt den Fall, sie tragen etwas mit sich herum, das mit ihrer Spiritualität zu Lebzeiten verbunden ist, wissen wir nicht, was sie glauben«, sagte er. Wenn also jemand versucht, einem Geist auf jüdisch-christlichem Weg zu helfen, indem er zum Beispiel sagt, dass er »ins Licht gehen« solle, dann gibt es da ein Problem: »Du hast keine Ahnung, ob dieser Geist Mormone, Buddhistin oder Siebenten-Tags-Adventistin ist«, meinte John. »Warum sollten die Geister dir zuhören? Wenn du biblische oder andere religiöse Texte zitierst, die du für richtig hältst, bedeutet das nicht automatisch, dass sie auch für die Seelen passend sind.«

Die meisten Kulturen haben eine Vorstellung vom Himmel, in den eine Seele eingehen kann, aber das Konzept des »Lichts« war nicht immer mit dem Himmel verbunden. »Emanuel Swedenborg schrieb im 18. Jahrhundert über das ›geistige Licht in den Himmeln‹«, erklärte John. »Er verglich Gott mit einer geistigen Sonne, die von oben nach unten in die voneinander getrennten Reiche der Geister und der Menschen strahlt. Jeder Mensch entscheidet sich frei für oder gegen die göttliche Liebe und das geistige Licht, und das bestimmt auch seine weitere spirituelle Entwicklung nach dem Tod. Als der Spiritismus im 19. Jahrhundert sich in Amerika verbreitete, war Andrew Jackson Davis einer der größten Verfechter dieser Idee des Lichts. In seinem Buch *Sommerland* beschrieb er eine helle, ewig sonnenerfüllte höchste Ebene des Jenseits, in der die Seelen in Gemeinschaft leben. Weil er diese Idee so wortgewandt darstellte, hat sie in den Staaten wirklich gezündet und sich seither voll durchgesetzt.«

So wenig, wie wir den persönlichen Glauben der Geister kennen, so wenig wissen wir Lebenden über die genauen Umstände der Existenz einer Entität auf unserer Ebene oder wie deren Weg nach dem Tod verlaufen ist. John ist der Ansicht, dass Geister sich genau wie wir mit der Zeit weiterentwickeln, auch wenn sie jung verstorben sind.

»Alles in der Natur entwickelt sich weiter«, sagte er. »Bist du fünfzig oder hundert Jahre später immer noch dieselbe Person, die du bei deinem Tod warst? Oder haben sich deine Ansichten über die wahre Natur der Wirklichkeit und das, was nach dem Tod geschieht, verändert, nachdem du gestorben bist?«

Wenn man es so betrachtet, dann sprechen wir bei einem Menschen, der vor hundert Jahren im Alter von fünfzehn Jahren gestorben ist, nicht von einem Fünfzehn-, sondern von einem Hundertfünfzehnjährigen.

»Man kann nur spekulieren, aber es scheint mir sehr gut möglich zu sein, dass sich unsere Ansichten über Spiritualität, die wahre Natur der Wirklichkeit und über Leben und Tod verändern werden, wenn wir erst einmal das Universum außerhalb der physischen Sphäre erlebt haben, da wir uns dann keine Sorgen mehr über das Sterben machen.«

Es kann auch sein, dass du es nicht mit dem bewussten Geist einer Person zu tun hast, sondern mit Restenergie, die kein Bewusstsein mehr hat. John bezeichnet das als »Aufzeichnung einer Person«. In diesem Fall hilft auch alles Reden nicht, denn die Entität kann dich nicht verstehen.

Ich persönlich habe gesehen, wie Geister in beiden Ausprägungen existieren können. Ich halte Johns Theorie, Geister würden sich entwickeln, für absolut sinnvoll, aber im Laufe der Jahre stellte ich fest, dass sie in allen möglichen Altersstufen und Gestalten erscheinen können.

Wenn wir über Geister philosophieren, sollten wir nicht vergessen, dass wir nicht einmal wissen, was Geister »im technischen Sinne« eigentlich sind. Vielleicht gibt es eines Tages konkrete Beweise, die zu belegbaren Erkenntnissen führen, und eine wissenschaftliche Erklärung für ihre Existenz. Dieser Tag ist nicht heute, aber er kann schon bald kommen. Nach allem, was wir wissen, könnte es eine Art quantenphysikalische Zeitverschiebung geben, und deshalb können Geister sich gleichzeitig in verschiedenen Altersstufen und Zeitebenen zeigen. Das Altersthema wirft wirklich interessante Fragen auf, da es Widersprüche gibt, wann und wie sie sich zeigen.

Für unseren ersten Fall in *Ruhelose Seelen* fuhren wir nach Little Meadows, Pennsylvania. Catherine und ihre Tochter Mary lebten in einem Häuschen tief im Wald und hatten das Gefühl, dass es bei ihnen spukte. Mary wachte manchmal nachts auf und fand Kratzer an beiden Beinen.

Eines Tages kam Catherine nach Hause und stellte fest, dass eine Lampe aus der Wand herausgerissen worden war. Überall lagen Glas- und Holzsplitter herum. Möbel bewegten sich, ohne berührt worden zu sein. Einmal wachte Catherine auf, als eine Schattengestalt, etwa so groß wie ein Kind, neben ihr stand. Sie fühlten sich in ihrem Haus nicht mehr sicher.

Catherine vermutete, dass es sich um verstorbene Familienmitglieder handeln könnte. Ihr Schwiegersohn war ganz plötzlich gestorben, und ihr eigener Sohn, Adam, vier Tage nach der Geburt. Sie fragte: »Wenn es keine Familienmitglieder sind, warum haben sie sich dann mein Haus ausgesucht?«

Der ehemalige Besitzer des Grundstücks, Fred Ashcraft jr., hatte eine Tochter namens Lucinda, die im Alter von drei Jahren auf die schrecklichste Art und Weise ums Leben kam, die man sich nur vorstellen kann. Sie lief direkt in ein laufendes Sägeblatt im Sägewerk der Familie und wurde in zwei Hälften zerschnitten. Das war absolut herzzerreißend. Es traf mich besonders heftig, weil Charlotte damals genauso alt gewesen war wie dieses kleine Mädchen, als ich das Haus untersuchte.

Wir unternahmen viele unterschiedliche Ermittlungen für diesen Fall, die es nicht in die Sendung geschafft haben. Erst dachten wir, die Phänomene könnten Soldaten von nahe gelegenen Schlachtfeldern sein, aber es gab keine Aufzeichnungen über militärische Aktivitäten auf dem Grundstück. Wir fanden etwas, von dem wir annahmen, dass es sich um einen Grabhügel der Ureinwohner handelte, und zogen einen Schamanen hinzu, der aber keine Hinweise auf noch vorhandene Geister fand.

Als wir Catherine baten, an der Untersuchung teilzunehmen, sagte sie: »Adam, wenn du hier bist, ich nehme dich jede Nacht wahr.« Wir hörten eine klare EVP: *Adam.* Als wir fragten, wie alt er sei: *Dreiunddreißig.* »Adam wäre in diesem Jahr dreiunddreißig geworden«, sagte Catherine. Wir konnten uns das nicht erklären, aber uns allen lief es kalt den Rücken hinab. »Ich wusste immer, dass er hier ist«, fügte Catherine hinzu.

Wir waren trotzdem nicht davon überzeugt, dass all die Aktivitäten nur von einem Familienmitglied ausgelöst wurden. So dachten wir, Lucinda könnte ebenfalls im Haus sein, aber wir hatten Schwierigkeiten, mit ihr in Kontakt zu treten. Schließlich fragte ich »Hast du dich verlaufen?« und erhielt als Antwort ein *Ja.* »Bist du ein kleines Mädchen?« *Ja.* Als ich nach einem Namen fragte, hörte ich *Lucy.*

Die Vorstellung, dass der Geist eines verängstigten kleinen Mädchens in diesem Haus war und nicht wusste, wohin er gehen oder was er tun sollte, war schwer zu verkraften. Die Frauen hatten unter anderem Aktivitäten an einer Spielzeugbank auf der Veranda bemerkt. An ihr war ein kleines Sägeblatt angebracht, das sich mit der Hand anschubsen ließ und sich oft von selbst drehte, auch wenn niemand in der Nähe war. Aber warum wurde der Geist von Adam älter, während das kleine Mädchen für immer drei Jahre alt blieb? Wir wissen es nicht genau. Es könnte mit dem Trauma ihrer Todesumstände zu tun haben, aber vielleicht können Geister sich entscheiden, in welchem Zustand sie existieren möchten. John Tenney hält es für möglich, dass auch ein Geist im Laufe der Zeit »Dinge lernt, wenn er den Weg des Reifens und des Lernens fortsetzt«. Vielleicht wollte Adam lernen und reifer werden, weshalb er sich entschied, älter zu werden. Und vielleicht wollte die kleine Lucy für immer ein Kind bleiben, weil sie den Rest ihrer Kindheit ja gar nicht erleben konnte. Es sind genau solche Fragen, die ich an meiner Arbeit liebe. Man lernt ständig hinzu, und neue Fragen tauchen auf, über die es sich nachzudenken lohnt.

»Lucinda, wenn du hier bist, wenn du das in meinem Zimmer bist, dann komm doch ins ganze Haus und setz dich zu uns, wenn es dich glücklich macht und du dich wohlfühlst«, sagte Catherine. »Und wenn du meinen Sohn siehst, kannst du dich gern mit ihm unterhalten.« Catherine berichtete, dass sie seit unserer Abreise keine bedrohlichen Aktivitäten mehr erlebt hatte. Aus diesem Grund bin ich so fest überzeugt von der Methode, die Adam und ich bei *Ruhelose Seelen* anwenden. Weil ich schon oft erleben durfte, dass sie wirklich funktioniert.

Es gibt so vieles über das Leben und das Leben nach dem Tod, von dem ich keine Ahnung habe. Um ehrlich zu sein, weiß ich nicht einmal, was ein Geist überhaupt ist. Ich arbeite ausschließlich auf der Grundlage von Theorien und Erfahrungen (und davon habe ich eine Menge), aber ich habe keine konkreten Informationen darüber, was paranormale Entitäten sind oder warum sie sich hier aufhalten. Doch ich weiß, dass ich in der Lage bin, Fakten über historische Ereignisse auszugraben, die mit Aktivitäten an einem Ort zu tun haben könnten.

Wer noch nie tiefer gehende Untersuchungen durchgeführt hat, ist sich in der Regel nicht im Klaren darüber, wie viel Arbeit es bedeutet, einem Geheimnis auf den Grund zu gehen. Dazu gehören nächtelange Recherchen, das Aufspüren und Befragen von Leuten, die mit dem Fall zu tun haben, und das Durchforsten alter Aufzeichnungen in Bibliotheken und bei historischen Gesellschaften. Dazu gehört auch, in düsteren Räumen eine Menge Fragen zu stellen, immer mit dem Risiko, auf der falschen Fährte zu sein und wieder von vorn anfangen zu müssen.

Aber hast du erst einmal den Namen oder das Ereignis oder irgendetwas löst eine Aktivität aus, die dir signalisiert, dass du richtigliegst, kannst du auf dieser Basis aufbauen. Es fühlt sich großartig an, die Antwort herauszufinden, was auch immer der Geist/die Person dir zu vermitteln versuchte. Es ist wie ein Rausch, wenn du das Rätsel gelöst hast, aber gleichzeitig weißt du auch, dass du ihm/ihr dabei geholfen hast, sein/ihr Leid zu lindern. Oftmals verschwinden die Geister anschließend, oder ihre Aktivität lässt spürbar nach. Ich empfinde es als Erfolg, wenn nach Abschluss unserer Arbeit in einem Haus nichts mehr vorfällt, was die Bewohner vorher verängstigte. Ich kann nicht sagen, ob ein Geist dann weiterzieht oder wohin er geht. Ich weiß nur, dass ich mit der Zeit immer sicherer wurde, auf dem richtigen Weg zu sein, weil ich miterlebte, wie gut unsere Methode funktionierte. Ich bin nie wieder zur Vorgehensweise von früher zurückgekehrt.

Viele Fans und Kritiker fragen mich, wie ich so sicher sein kann, den Menschen nachhaltig geholfen zu haben. Das kann ich nicht in jedem einzelnen Fall sagen, aber ich habe immer noch Kontakt zu vielen Leuten, die mich darüber informieren, wie die Dinge laufen und ob es noch Aktivitäten gibt, seit wir vor Ort waren. Sie sind auch meine größten Verteidiger in den sozialen Medien. Auf den Vorwurf, ich würde nichts Gutes tun oder zöge Vorteile aus dem Schaden anderer, antworten sie zum Beispiel: »Mein Leben hat sich danach verändert.« Oder: »Sie waren die Einzigen, die mir helfen konnten, als es niemand anderen mehr gab, an den ich mich hätte wenden können.«

Zu ihnen gehören auch Delanne und Wayne. Als in den sozialen Medien die Hater auftauchten, ergriffen sie oft das Wort zu meiner Verteidigung und bestätigten, dass ihr Zuhause jetzt wieder ein sicherer Ort für sie sei, weil ihrem Geist geholfen werden konnte. Das macht es für mich wieder wett. Es wird immer Leute geben, die im Internet ihre Hassbotschaften verbreiten. Für mich ist es aber wichtiger, wenn diejenigen, bei denen wir gearbeitet haben, öffentlich bekunden, dass sie sich jetzt wieder sicherer und beschützt fühlen.

Joe Gagliano, Co-Executive Producer bei *Ruhelose Seelen,* ist in erster Linie dafür zuständig, uns bei der Endauswahl der Kandidaten für eine Untersuchung zu unterstützen. Abgesehen von Adam und mir, hat er den meisten Kontakt mit den Menschen, die uns in ihre Häuser einladen. Er sagte: »Meiner Meinung nach bieten Amy und Adam eine Art doppelten Service: Auf der einen Seite kommen sie und geben Antworten auf paranormale Fragen, auf der anderen Seite treffen sie sich mit Leuten, die wahrscheinlich nicht viele andere haben, mit denen sie über diese Dinge sprechen könnten. Amy und Adam kommen zu ihnen, hören ihnen zu, glauben und helfen ihnen. Ich habe es selbst miterlebt, wie hilfreich es für viele von ihnen ist, wenn diese Antworten mit Verständnis und Akzeptanz verbunden sind.«

Vielleicht entwickeln sich meine Meinung darüber, wie man am besten arbeitet, und meine Methode in der Zukunft weiter. Doch zumindest heute bin ich mir noch sicher, dass ich damit die besten Ergebnisse erziele. Ich habe schon zu oft erlebt, dass meine Vorgehensweise funktioniert, um daran zu zweifeln. Aus diesem Grund begann ich damit, Vorträge und Workshops über gründliches Recherchieren und Techniken für diese Form der Untersuchung anzubieten. Je mehr Paraforscher ich für diese Idee gewinne, desto mehr von diesen ruhelosen Geistern können wir helfen. Ich finde es toll, dass so viele von ihnen diese Methode anwenden und wirklich versuchen, *mit* den Geistern zu kommunizieren und ihnen zu helfen, statt sie nur *anzusprechen*, Beweise zu sammeln und dann wieder zu gehen.

»Wir sind so etwas wie Geistertherapeuten«, sagte Adam. »Es klingt vielleicht witzig, aber das trifft es am besten. Wir haben herausgefunden, dass wir auf diese Weise viel mehr Informationen erhalten. Wir haben diese Methode beibehalten, denn wenn man mit einer Sache Erfolg hat, macht man keinen Rückzieher mehr.« Wir probieren zwar immer wieder verschiedene Verfahren aus, aber alles beruht auf intensiver Recherche und einer respektvollen Kommunikation mit den Geistern.

Adam und ich sind überzeugt, dass *Ruhelose Seelen* deshalb so erfolgreich im Bereich paranormaler Themen ist, weil wir empathisch agieren und Geister als Menschen betrachten. »Wir waren definitiv die erste Reality-TV-Serie, welche die Untersuchungen von A bis Z zeigt – mit Herz, historischen Fakten und Hintergrundinformationen«, ergänzte Adam. »In der Zwischenzeit wurde dieses Konzept von vielen anderen übernommen. Es geht um die Lösung, nicht nur um einen Gruseleffekt. Einige der am längsten laufenden Serien haben die Skripte inzwischen geändert.«

Der andere Grund, warum ich nicht damit einverstanden bin, Geister ins Jenseits schicken zu wollen? Ich habe eingesehen, dass es nicht funktioniert.

Ich kann mich noch genau an den Moment erinnern, als mir klar wurde, dass wir Geister vielleicht doch nicht ins Jenseits führen, so wie wir uns das gedacht hatten. Ich habe es nie selbst versucht, aber ich kannte viele Leute, die das machten, also fand ich es ganz in Ordnung. Ich dachte einfach, dass das so sein muss, vor allem, da das auch viele frühere Paraforscher, deren Bücher ich kannte und von denen ich gelernt hatte, praktizierten. Ich stellte es einfach nie infrage. Als ich aber etwa im Jahr 2007 in Gettysburg, Pennsylvania, forschte, erhielt ich eindeutige Beweise dafür, dass diese Vorgehensweise nicht gelang.

Im Jahr zuvor war ein guter Freund von mir, ebenfalls ein Paraforscher, in demselben Haus gewesen und glaubte, er hätte die Geister ins Jenseits geführt, während er dort arbeitete. Er war auch sehr glaubwürdig: Er hatte zuvor mit der Kirche zusammengearbeitet, und ich war selbst dabei gewesen, als er nach meinem Gefühl Geister hinüberführte. Doch als ich ein Jahr nach ihm mit den Leuten in diesem Haus sprach, beklagten sie sich darüber, dass die Aktivitäten nur noch stärker geworden wären. Da dämmerte es mir: *Wenn er nicht in der Lage ist, Geister hinüberzuleiten, was geschieht dann in Wirklichkeit?*

Nachdem ich bei der Untersuchung von Phänomenen die betroffenen Leute befragt hatte, konnte ich eine Entwicklung feststellen: In vielen Fällen waren vor uns ein Priester, ein Schamane oder eine Hellseherin hinzugezogen worden. Sie kamen und behaupteten, dass das Haus energetisch gereinigt und die Entität verschwunden sei, und dann gingen sie wieder. Doch es war ganz anders: Die Aktivität verschwand eben nicht, sondern intensivierte sich sogar. Dies in Verbindung mit der Tatsache, dass die im Laufe der Jahre häufigsten EVP *Hilf mir* lauteten (na ja, genauso oft hörten wir auch *Verschwinde!*), führte mich zu der Erkenntnis, dass die Ansage an die Geister, endlich zu gehen, nicht unbedingt zielführend war, auch wenn dies mit den besten Absichten geschah.

»Jemand entscheidet: ›Okay, ich werde diese Person jetzt hinüberführen.‹ Derjenige ist überzeugt, das Richtige zu tun, denn er will, dass dieses Wesen verschwindet«, sagte Adam. »Vielleicht erreicht seine Energie, dass sich der Geist für eine Minute auflöst oder sich ein wenig zurückzieht. Aber beweise mir, dass du Geister tatsächlich irgendwohin schickst. Wo ist der Beweis, dass das wirklich gelingt?«

Er hat ebenfalls schon Fälle erlebt, bei denen die Aktivitäten nach kurzer Zeit wieder einsetzten. »Wir dagegen können nachweisen, dass die Aktivität einer Entität nachlässt oder ganz verschwindet, wenn man ihr eine Lösung oder einen Abschluss angeboten oder ihr nur zugehört hat.«

Chip Coffey unterscheidet zwischen Seelen und Geistern. Seiner Ansicht nach sind Seelen Entitäten, die weitergezogen sind und sich entscheiden, von Zeit zu Zeit aus ihren eigenen Beweggründen zurückzukehren, um geliebte Menschen zu besuchen oder sich um etwas zu kümmern, von dem sie das Gefühl haben, dass es noch nicht ganz geklärt ist.

»Die Seele ist die Essenz dessen, was uns ausmacht«, sagte er, »und wenn wir sterben, verlässt sie den Körper. Diese Energie wird freigesetzt. Und weil der freie Wille nicht mit dem Tod endet, hat ein Verstorbener eine Entscheidung zu treffen: Vollendest du den Übergang zur Seele oder nicht?« Diejenigen, die diesen Übergang nicht vollziehen, aus welchen Gründen auch immer, bezeichnet er als Geister.

Ich verwende beide Begriffe gleichermaßen, aber ich finde seine Unterscheidung interessant. Chip glaubt, dass die meisten Entitäten, mit denen wir kommunizieren, überwiegend Seelen sind, die wir zu diesem Zweck herbeirufen. »Seelen können überall hingehen, wo immer sie wollen«, sagte er. »Würde ich in einer Menschenmenge laut deinen Namen rufen, würdest du auch reagieren.«

Geister hält er für herumirrende, erdgebundene Wesenheiten, die äußerst aufgewühlt sind. »Ich habe mit Tausenden von Verstorbenen gesprochen«, sagte er, »und die große Mehrheit von ihnen ist nicht erdgebunden und verloren und zieht nicht nomadisch umher.« Der größte Teil der Seelen, mit denen er kommuniziert habe, hätten erfolgreich den Übergang vollzogen, erklärte er. »Einige hängen vielleicht mehr auf der Erdebene herum als andere, aber die meisten von ihnen haben sich für den Übergang entschieden und kommen von Zeit zu Zeit aus ihrer Dimension zurück, um mit den Lebenden in Kontakt zu treten.«

Er würde selbst nie versuchen, die Geister, die sich hartnäckig weigern, zum Übertritt zu zwingen. »Wenn ich das Gefühl habe, dass jemand nicht weiterkommt, dann schlage ich vor, dass er erst dann geht, wenn er dazu bereit ist«, erklärte Chip. Er würde niemandem vorschreiben, was er zu tun habe, und er glaubt auch nicht, dass er die Macht dazu habe, jemanden zum Übergang zu »drängen«. »Vielleicht können wir eine Seele ermutigen. Auf jeden Fall können wir für sie beten. Aber zu behaupten, dass man eine Person auf die andere Seite führt, und das war's dann, halte ich für ein totales Ego-Ding. Das ist einfach nur Bullshit.«

Aus mehreren Gründen, einschließlich der Tatsache, dass wir nicht davon ausgehen können, den persönlichen Glauben eines Geistes zu kennen, beziehe ich nicht oft Religion in eine Untersuchung mit ein. Aber als die Krankenschwestern in Waverly Hills mich baten, für sie zu beten, tat ich es.

Ich werde immer für einen Geist beten, der darum bittet. Als Adam und ich nach Waverly Hills zurückkehrten, um dort für die dritte Staffel von *Ruhelose Seelen* eine Folge zu drehen, wollten wir noch einmal mit den Krankenschwestern sprechen. Dieser Teil des Sanatoriums war aber wegen Bauarbeiten abgesperrt, also stellten wir uns vor die verschlossene Tür zu diesem Flügel. Wir wollten mit den Krankenschwestern sprechen, um uns wieder nach ihnen zu erkundigen oder wenigstens Hallo zu sagen und ihnen zu signalisieren, dass wir an sie denken. Aber wir erhielten keine Antwort.

»Der erste Kontakt war so intensiv und besonders«, erinnerte sich Adam. »Sie schienen sehr gespannt und an dem interessiert zu sein, was wir taten.« Wir mussten nicht auf eine Antwort von ihnen hoffen, sie antworteten sofort. »Es war fast so, als ob sie darauf gewartet hätten«, sagte er. Im Sinne: *Das ist es, was wir gebraucht haben, einfach nur, dass jemand zuhört.*

Diese Erfahrung trug zu unserer Entscheidung bei, für die Serie nur noch größere Locations zu untersuchen. Anfangs wollten wir uns ausschließlich auf Familien konzentrieren und Orte besuchen, an denen wir sowohl den Lebenden als auch den Verstorbenen helfen konnten. Irgendwann dachten wir aber über die Schwestern nach und dass es noch weitere Spukorte wie Waverly Hills gab, an denen verlassene Geister umherstreiften. Niemand nahm sie überhaupt als Menschen wahr. Diese Geister könnten noch lebende Familienmitglieder haben, die nicht wissen, was mit ihnen geschieht. Sie verdienen unsere Hilfe genauso sehr.

Ich denke, wenn die Krankenschwestern gewollt hätten, wären sie bei unserem zweiten Besuch einfach ans andere Ende des Flurs gekommen, um mit uns in Kontakt zu treten. Wir wissen nicht, ob diese Frauen uns nicht gehört haben oder ob sie nicht da waren. Ich würde gern glauben, dass sie nach unserem Gebet das Gefühl hatten, weiterziehen zu können. Was wäre, wenn das Klopfen, das ich in dieser Nacht über meinem Bett hörte, eine von ihnen war, die mir genau das mitteilen wollte? Der Gedanke lässt mich erschaudern.

🐚 Eine Verwechslung im Mount-Washington-Hotel

Das Mount-Washington-Hotel in den White Mountains von New Hampshire ist einer meiner Lieblingsorte auf der Welt. Charlotte und ich verbrachten dort schon viele glückliche Urlaube, und Strange Escapes veranstaltet dort jeden Herbst einen Event. Es ist ein wunderschönes historisches Gebäude aus den glorreichen Tagen der großen Hotels in New Hampshire, als wohlhabende Stadtbewohner um die Jahrhundertwende aus New York und Boston für die Sommerfrische aufs Land fuhren, um die gute Luft und den Luxus zu genießen.

Da ich dieses Hotel so überaus schätze, wird es dich wahrscheinlich nicht überraschen zu erfahren, dass es dort spukt. Extrem sogar.

Das Besondere am Mount-Washington-Hotel ist die Tatsache, dass es überhaupt nicht unheimlich wirkt. Wenn du schon mal in einem Disney-Park warst, dann kennst du wahrscheinlich die »Haunted-Mansion«-(»Geistervilla«-)Fahrt »mit neunhundertneunundneunzig glücklichen Gespenstern und Platz für tausend«. Dieses Hotel fühlt sich sehr ähnlich an. Ich sah Schatten am Ende der Gänge, kommunizierte mit unzähligen Geistern und erforschte das ganze Hotel rauf und runter. Aber ich hatte dort nie wirklich Angst. Du kannst praktisch alle Angestellten fragen, ob sie schon mal einen Geist gesehen haben, und sie werden fast immer Ja sagen, aber du wirst selten hören, dass es gruselig war. Glaub mir: Ich habe gefragt. Sehr oft.

Das liegt zum Teil daran, dass die Leute dort gegenüber dem Paranormalen sehr offen sind. Das Hotel lebt von seiner Spukgeschichte. Es wurde 1902 von Joseph Stickney erbaut als Hochzeitsgeschenk für seine Frau Carolyn. Joseph starb jedoch bald nach Abschluss der Bauarbeiten. Carolyn, die anschließend einen Prinzen heiratete und Prinzessin Carolyn wurde, verbrachte den Rest ihres Lebens in dem Hotel. Man munkelt, dass sie das glücklichste der glücklichen Gespenster ist. Ihr Zimmer – in dem sich noch immer ihr geschnitztes Himmelbett befindet – ist der berüchtigtste aller Spukorte im Hotel. Ich sprach mit ihrem Geist im Princess Room und hörte Gruselgeschichten über diesen Raum, die dir eine Gänsehaut bescheren würden.

Bis heute steht im Speisesaal ein Tisch, der für Prinzessin Carolyn gedeckt ist, mit einem Schild, das darauf hinweist, dass jeden Abend ein Platz für sie reserviert sei, in der Hoffnung, dass sie sich zu einer weiteren Mahlzeit dazugesellt. Und in der Lobby hängen Porträts von ihr und Joseph Stickney als Hommage an die Gründer des Hotels.

Nun, es gibt da ein Porträt von *einem* Joseph Stickney. Aber nicht *dem* Joseph Stickney.

Als das Hotel die Gemälde in Auftrag gab, zeigte das Foto, das der Künstler als Vorlage verwendete, zwar einen Mann namens Joseph Stickney, aber das war nicht der Erbauer des Hotels. Der Künstler malte fälschlicherweise das Bildnis eines anderen Mannes mit demselben Namen.

Das Porträt in der Lobby zeigt nämlich den Bankangestellten, der von Joseph Kelley in Somersworth, New Hampshire, ermordet wurde, und zwar ganz in der Nähe des Hauses mit dem Grabstein im Hinterhof.

Sag mir noch einmal, dass mein Leben nicht eine einzige lange Geistergeschichte ist.

Kapitel 5

Messgeräte für Geister gibt es nicht

Ich führte einmal ein Interview mit einer Schriftstellerin, die eindeutig offen für das Übernatürliche war, aber auch dachte, sie wüsste mehr über die Geisterjagd, als es tatsächlich der Fall war.

»Also, wann benutzen Sie ein Spektrometer?«, fragte sie. Ich starrte sie ausdruckslos an. »Was soll das sein?«

»Ähm … Ist das nicht das Ding, mit dem man Geister misst?«, fragte sie etwas angespannt. »Um zu prüfen, ob sie wirklich da sind?«

»Nein«, sagte ich und lachte. »Das gibt es nicht.«[2]

Trotz des holprigen Starts klappte am Ende doch noch alles. Jahre später half sie mir dann, das Buch zu schreiben, das du gerade liest. Aber dieser kleine Moment sagt viel darüber aus, wie sich die Leute eine paranormale Untersuchung vorstellen, und das hat rein gar nichts mit der Wirklichkeit zu tun.

Sosehr ich mir wünschen würde, dass Paraforschung in der Realität wie in *Ghostbusters* abläuft, und sooft Leute vor den Häusern auftauchen, die wir untersuchen, und den

Titelsong des Films durch die offenen Autofenster dröhnen lassen: So wenig ist das der Fall. Es gibt kein »PKE-Meter«, um psychokinetische Energie zu messen, keinen »Protonbeam«, um den Geistern ihre Energie zu entziehen, und keine »Containment Unit«, um gefangene Geister dingfest zu machen.

Als ich anfing zu ermitteln, war die Ausrüstung entscheidend für mich, denn anfangs wollte ich beweisen, dass es wirklich Geister gibt. Ich ging in Untersuchungen und sah ständig durch meine Kamera, während mein Rekorder die ganze Zeit lief und mein K-II-EMF-Messgerät aufleuchtete. Es ist sehr einfach, sich in dem ganzen technischen Kram zu verlieren und zu übersehen, was um einen herum vor sich geht. Mit der Zeit begriff ich, dass die Ausrüstung dazu da ist, die Untersuchung zu unterstützen, und nicht, um sie zu bestimmen. Es kommt natürlich ganz auf deine persönlichen Vorlieben an – bei der Zusammenarbeit mit John Tenney verwendeten wir als einziges Hilfsmittel eine Kerze, um die Reaktionen eines Geistes festzustellen – und darauf, wie gut du dich mit den Geräten auskennst. Es ist aber durchaus möglich, dass du in den Sucher deiner Kamera stierst und eine ganzkörperliche Erscheinung übersiehst, die direkt vor dir herläuft.

»Ein guter paranormaler Ermittler findet die richtige Balance zwischen dem Gefühl für den Moment und einer unvoreingenommenen Analyse«, sagt Shawn Porter, der selbst Geisterjäger ist und ein Unternehmen für die Produktion paranormaler Ausrüstungsgegenstände besitzt. »Nutze die Werkzeuge effektiv, damit sie ihren Zweck erfüllen, aber achte darauf, dass sie dich nicht vom Wesentlichen ablenken.«

Er ist der Meinung, dass die beste Analyse erst nach Abschluss einer Untersuchung möglich ist. »Während der Untersuchung haben wir die Tendenz, uns auf den Moment zu konzentrieren. Wir sind auf diesen einen Raum oder diese eine EVP-Aufnahme fokussiert«, sagte Shawn. »Wir gehen umher und fixieren die Bildschirme unserer Kameras, statt den Raum vor uns zu beobachten, und betätigen irgendwelche Knöpfe. Sammle solche Momente ein, dokumentiere sie und betrachte sie als Ganzes, nachdem die Untersuchung abgeschlossen und in der Tasche ist. Deine Sinne haben sich dann bereits wieder normalisiert und erlauben einen umfassenderen Blick auf das Gesamtbild, eine Zusammenschau der gesamten Untersuchung.«

Abgesehen davon, dass alle denken, wir seien wie die *Ghostbusters*, glauben viele Leute, wir Ermittler könnten Geister erspüren oder hätten übersinnliche Fähigkeiten. Die Wahrheit liegt irgendwo dazwischen. Für mich ist es am besten, mich einfach hinzusetzen, zuzuhören und zu beobachten. Ich glaube, dass die eigene Energie und Intention eine wichtige Rolle für das Ergebnis einer Untersuchung spielen. Wenn du an einen Ort gehst, der dich zu Tode ängstigt, wirst du wahrscheinlich eine schaurige Erfahrung machen. Willst du aber in erster Linie beobachten und lernen, wirst du wohl ein zwar weniger intensives, aber nicht minder interessantes Ergebnis erhalten.

Manchmal kann ich spüren, dass die Energie passt, besonders bei EVP-Sitzungen. Ich weiß dann vor dem Abspielen der Aufnahme, dass ich eine gute Sitzung hatte, auch wenn ich die Antworten der Geister noch nicht abhören konnte. Es ist fast so, als ob es in der Luft läge. Und umgekehrt kann ich feststellen, wenn nichts los ist. Deshalb glaube ich, dass der wichtigste Teil der Arbeit an einem Fall darin besteht, der eigenen Intuition zu folgen und ganz im Moment zu sein. Wenn man so an die Aufgabe herangeht, ist es einfach zu entscheiden, mit welchen Hilfsmitteln die besten Ergebnisse erzielt werden können. (Ich sage das, nachdem ich Tausende von Untersuchungen durchgeführt habe. Am Anfang wirst du natürlich besessen von deiner Ausrüstung sein. Und es macht wirklich Spaß, sie zu verwenden.)

Bevor wir uns in einen neuen Fall stürzen und die Entscheidung treffen, einen Ort zu untersuchen, bestimmen wir die Anforderungen: Brauchen lebende Menschen Hilfe oder gibt es Wesen in einem Haus, die Hilfe benötigen? Manchmal ändert sich das während der Untersuchung, aber wir beginnen gern mit einer ungefähren Vorstellung. Dann stelle ich einige Nachforschungen über das Haus und die Gegend an. Ich sammle Stimmen von Menschen, die mit dem Ort verbunden sind, eben alle Faktoren, die zu paranormalen Aktivitäten geführt haben könnten.

Ich versuche, so viele Daten wie möglich zu sammeln, bevor ich ein Haus betrete, aber ich weiß auch, dass die Informationen sich in den Nächten, die wir uns dort aufhalten, weiterentwickeln. Auch wenn Ermittlungen über mehrere Nächte nicht in jedem Fall möglich sind, bestehen wir darauf, denn sonst können wir keine vollständige Untersuchung für *Ruhelose Seelen* durchführen.

Im Idealfall kann man manchmal über Jahre hinweg immer wieder an einen Ort zurückkehren, und ein einzelner Vorfall wird auf diese Weise zu einer Fallstudie. Eines der berühmtesten Beispiele für eine intensive paranormale Fallstudie ist Harry Price' Untersuchung des berüchtigten Spukhauses Borley Rectory in Essex, England. Eine Zeit lang war dieses Haus, das in den 1860er-Jahren erbaut worden war, als das am stärksten heimgesuchte Haus in England bekannt. Es hatte eine *sehr* lange Geschichte intensiver Spukerlebnisse, zu denen die Sichtung von Pferdekutschen mit kopflosen

Reitern ebenso gehörte wie poltergeistähnliche Aktivitäten, bei denen Leute aus ihren Betten geschleudert wurden. Price untersuchte das Haus lange Zeit und mietete es 1937 für ein Jahr, um eine Langzeitstudie durchzuführen.

Er rekrutierte ein Team von achtundvierzig »offiziellen Beobachtern«, die ihm dabei halfen, über längere Zeit zu forschen. Die meisten von ihnen waren Studenten, und weil es so viele waren, verfasste Price ein Handbuch über die richtigen Untersuchungs- und Forschungstechniken für sie. Dieses Handbuch gilt als der erste echte Leitfaden für die Untersuchung des Paranormalen. (Ich wünschte, es wäre jetzt verfügbar, aber ich habe es nicht aufstöbern können.) Price schrieb viele Bücher über seine Entdeckungen in Borley Rectory, die für sich genommen und als Beispiele früher paranormaler Untersuchungen wirklich faszinierend sind.

Für mich ist am interessantesten, dass einer der Geister, die das Team kontaktierte, sagte, es würde das Haus noch im selben Jahr niederbrennen. Weniger als ein Jahr später, im Februar 1939, ging das Haus tatsächlich in Flammen auf. Der Mann, der das Haus gerade erst gekauft hatte, behauptete, beim Auspacken versehentlich eine Lampe umgestoßen zu haben, aber die anschließende Untersuchung ergab, dass das Feuer absichtlich gelegt worden war. Von dem Geist? Wer weiß das schon? Das Rätsel wurde nie gelöst.[3]

Eine Untersuchung vorbereiten

Bevor wir einen Ort betreten und vor jeglicher Nachforschung verwende ich gern eine Kamera. Damit fotografiere ich alles im Bereich des Spukortes, besonders seine Lage. Wenn ich mir später die Beweise ansehe und glaube, etwas Auffälliges entdeckt zu haben, ist es sehr von Vorteil, einen Überblick über einen Ort zu haben, denn man vergisst schnell, wo sich Dinge im Raum befinden, und es ist sehr hilfreich, auf solche Dokumentationen zurückgreifen zu können.

Ein wichtiger Tipp von Shawn: Man sollte sich mit seiner Ausrüstung auskennen, bevor man sich auf Spurensuche begibt. »Verwende die Gegenstände, mit denen du vertraut bist, befass dich *vor* einer Untersuchung mit ihnen, und stell sie so ein, dass sie ihre Aufgabe erfüllen«, sagte er. Das Vorbereiten der Ausrüstung kann viel Zeit von der eigentlichen Untersuchung in Anspruch nehmen, wenn man sie zum ersten Mal einsetzt. Außerdem agieren Geister nicht immer auf unserer Zeitebene. »Ereignisse sind zu jeder x-beliebigen Zeit möglich«, meinte er. »Wir haben das schon bei den Vorbereitungen, während eines Kundengesprächs oder beim Einladen des Trucks erlebt. Wie jeder lebendige Mensch muss auch eine intelligente Wesenheit nicht bei *drei* reagieren, nur weil wir es so bestimmt haben. Würdest du das tun?«

Ich persönlich mache nach dem Fotografieren einen Rundgang mit einem Messgerät für elektromagnetische Felder (EMF), die die Elektronik stören könnten. Manche Menschen reagieren auf EMF-Belastung mit Schlaflosigkeit, Konzentrationsstörungen oder erhöhter Angst, was ihre Wahrnehmung des Geschehens im Haus beeinträchtigen kann. Daher ist es wichtig zu wissen, ob solche Probleme vorliegen.

Danach baue ich meine stationären Kameras auf. Diese zeichnen auf, was in den einzelnen Räumen passiert. Das ist eine großartige Ressource, wenn ich in einem Raum ermittle und in einem anderen ein Geräusch höre. Ich kann zurückgehen und überprüfen, ob etwas auf dem Display angezeigt wird. Wenn ich bereit bin, mit der Untersuchung zu beginnen, habe ich meine Ausrüstung gern in Reichweite, falls ich sie brauche, ich schleppe sie aber nicht mit mir herum. Ich möchte, dass alles möglichst normal abläuft, und will nicht mit der ganzen Ausrüstung in der Hand in einen Raum gehen und mit den Geistern in Kontakt treten. Das lenkt viel zu sehr ab. Ich würde auch nicht mit einer Kamera in der einen und einem Aufnahmegerät in der anderen Hand zu dir nach Hause kommen und einfach sagen: »Hey, mein Name ist Amy. Wie geht's dir? Erzähl mir alles über dich.« Du würdest bestimmt sagen: »Geht's noch?«

Bei den ersten Ermittlungen halte ich mich in der Regel an die Informationen der Hausbewohner, welche Vorkommnisse sie beobachtet haben und wer ihrer Meinung nach dahinterstecken könnte. In der ersten Nacht verwenden wir üblicherweise nur Handrekorder, um elektronische Stimmphänomene zu erfassen, oder vielleicht eine SLS-Videokamera (Structured Light Sensor). Eine SLS-Kamera erkennt mithilfe eines Infrarot-Lichtprojektors für uns unsichtbare Geistwesen anhand ihrer Bewegungen und bildet sie in Form von Infrarotpunkten als menschliche Gestalt in 3-D ab. Einmal erhielt ich SLS-Aufnahmen von einem salutierenden Geist. So konnten wir feststellen, dass ein Kriegsveteran an dem Fall beteiligt war, was der Hausbesitzer nicht wusste. Am Anfang ist es entscheidend, nicht nur Namen übermittelt zu bekommen, sondern vor allem die Aktivitäten eines Geistes zu beobachten. Diese Beweise werden dann mit den historischen und aktuellen Fakten verknüpft, um einzugrenzen, um wen es sich handelt.

Danach stellen wir weitere Nachforschungen an und ziehen manchmal externe Experten hinzu, je nachdem, welche Beweise wir in der ersten Nacht der Ermittlungen erhalten. Wir entscheiden, welche Zusatzgeräte wir einsetzen, abhängig davon, wen wir dort vermuten. Da wir in der TV-Folge wenig Zeit für die Darstellung des Falls haben, zeigen wir nur Geräte beziehungsweise Methoden, die brauchbare Ergebnisse erbracht haben. Wir müssen vier- bis fünftägige Untersuchungen in vierundvierzig Sendeminuten unterbringen, deshalb fällt alles weg, was keine überzeugenden Resultate liefert.

Shawn erklärte, dass es bei jedem Gerät, das seine Firma baut oder für Untersuchungen verwendet, darauf ankommt, unsere Sinneswahrnehmung zu dokumentieren oder zu verbessern. »Es gibt einige Geräte, die einfach dazu dienen, die Umgebung festzuhalten. Andere Geräte nehmen Informationen auf und stellen sie in einer Fassung dar, die wir leichter wahrnehmen können.« Wieder andere Geräte würden zwar weitere Verarbeitungsebenen für diese Daten ergänzen, könnten diese aber auch verzerren. »Die Quintessenz daraus lautet: Probiere alles aus, forsche und entdecke. Aber sei dir dessen bewusst, was du als Beweis präsentierst.«

Ein unverzichtbares Stück Technik: Aufnahmegeräte

Ich habe immer und unbedingt ein tragbares Aufnahmegerät dabei, um EVP aufzuzeichnen. Ab und zu hört man vielleicht die Stimme eines Geists mit den eigenen Ohren, aber es ist fast unmöglich, auf diese Weise ein längeres Gespräch zu führen, das einem wirklich Antworten liefert. Ein Aufnahmegerät erfasst auch Geräusche, die wir nicht wahrnehmen und die wir immer wieder anhören können. Es ist wirklich von Vorteil, wenn man EVP mehr als einmal anhören kann, um zu entschlüsseln, was ein Geist sagt.

Auch Smartphones eignen sich dank vorinstallierter oder zusätzlicher Apps für Sprachaufzeichnungen. Mithilfe des eingebauten Mikrofons und des Lautsprechers können jederzeit EVP aufgezeichnet und abgehört werden, denn du hast das Smartphone immer dabei. Bessere Ergebnisse liefern externe Mikrofone, die man in die Kopfhörerbuchse einsteckt.

Adam und ich arbeiten mit Panasonic-RR-DR60-Rekordern. Wenn du dich etwas mit paranormaler Ausrüstung auskennst, weißt du, dass dieses Modell so etwas wie der Heilige Gral für Geisterjäger ist. Das liegt daran, dass es nicht mehr produziert wird. In den 1990er-Jahren stellte Panasonic für kurze Zeit diesen Rekorder mit geräuschaktivierter Aufnahmefunktion her, der wirklich nur Geräusche aufzeichnet und die Aufnahme stoppt, wenn nichts zu hören ist. Das führt zu einer enormen Zeitersparnis beim Abhören. Im Gegensatz zu diesem Modell schneiden andere geräuschaktivierte Rekorder meist den Anfang oder das Ende eines Wortes ab.

Es dauerte allerdings lange, bis sich dieses spezielle Gerät durchsetzte. Vor über zehn Jahren arbeitete ich mit den verstorbenen EVP-Experten Mark und Debby Constantino aus Nevada zusammen, die einen Vorrat an diesen Rekordern hatten. Sie waren auch die Ersten, die dieses Modell als besonders nützlich populär machten.

Als Amateur-Ermittler das RR-DR60 in Geisterjagd-TV-Sendungen entdeckten, stieg die Nachfrage sprunghaft an. Seitdem sind die Geräte immer schwieriger zu kriegen, und wenn sie einmal weg sind, sind sie weg. Ich habe mich sogar mit einer Anfrage an Panasonic gewendet, ob das Modell neu aufgelegt werden könnte, doch man zeigte sich nicht sehr interessiert. Wenn du im Internet danach suchst, springen dir Preise von etwa zweitausend Dollar entgegen. (Ich möchte jedoch anmerken, dass du definitiv kein so teures Gerät brauchst, um mit Geistern zu kommunizieren. Ich habe früher mit meinem kleinen tragbaren Olympus-Rekorder großartige EVP-Aufnahmen erhalten.)

K-II-EMF-Messgeräte im Einsatz

Viele denken, K-II-EMF-Geräte zur Messung elektromagnetischer Felder seien ein fester Bestandteil der Untersuchungen, aber das ist bei mir nicht immer der Fall. Ich benutze sie, aber sie sind nicht zuverlässig, weil sie leicht durch Umweltfaktoren gestört werden können. Selbst wenn man sich in der Nähe eines Handys aufhält, kann das zu einer Abweichung führen. Ein erhöhtes Messfeld zeigt nicht unbedingt gleich einen Geist an. Deshalb ist es wichtig, weitere Aspekte zu berücksichtigen wie EVP, die dann mit den K-II-Messwerten abgeglichen werden.

Einmal recherchierten Adam und ich für *Ruhelose Seelen* im National Homestead in Gettysburg, Pennsylvania, das nach dem Bürgerkrieg ein Waisenhaus und Heim für Witwen war. Wir hatten ein K-II-Messgerät und einige andere empfindliche Geräte auf dem Boden des Kellers aufgestellt, die alle plötzlich losgingen. Im Wechsel leuchteten sie auf und wurden wieder dunkel, immer und immer wieder, doch diese Reaktionen stimmten nicht mit unserer Untersuchung überein. Wir waren ratlos, bis ich zufällig aus dem Fenster schaute und ein Polizeiauto vor dem Gebäude stehen sah. Die Feldstärke im Wagen war so hoch, dass jedes Funkgespräch unsere Geräte ausschlagen ließ. Wir wussten schon, dass wir die Walkie-Talkies nicht in der Nähe der Ausrüstung benutzen durften, aber eine derart starke Funkstörung von außen hatte ich noch nie erlebt.

Unter bestimmten Bedingungen können K-II-Messgeräte nützlich sein. Manchmal ziehen die Lichter einfach die Aufmerksamkeit der Geister auf sich. Als wir eine private Untersuchung im selben Waisenhaus durchführten, stellte ich einige K-II-Geräte auf dem Boden aus. Plötzlich rannte eine Schattengestalt daran vorbei. Ein Gerät nach dem anderen ging aus, als die Gestalt auf mich zusteuerte. Etwas packte mich an der Seite und riss mich um. Ich stolperte, mein Herz pochte laut, und ich rannte zu Adam hinüber. »Was war das?«, fragte ich ihn. Er wusste es nicht. Jeder im Raum hatte gesehen, was geschah, aber wir haben keine Aufzeichnung davon, die erklären könnte, was es war. Könnte es etwas Feindseliges gewesen sein? Sicher. Es ist leicht, eine solche Aktion als böse Absicht zu interpretieren. Aber es hätte auch der Geist eines kleinen Kindes sein können, das so glücklich war, seine Mutter zu sehen, dass es aufgeregt in mich hineinlief. Wenn du deine Mutter seit vielen Jahren nicht mehr gesehen hast und du jemanden erblickst, der dich an sie erinnert, könntest du ebenfalls eine starke Reaktion zeigen. Es ist schwierig, die Absicht von Geistern in einem einzigen Augenblick wie in diesem zu verstehen. Wir wissen nicht, wie sehr sie sich anstrengen müssen, um zu kommunizieren, und ob sie ihre Handlungen vollständig kontrollieren können. Vielleicht musste sich das, was auch immer es war, so sehr anstrengen, um mit uns im Raum zu sein, dass es einfach nicht schnell genug »auf die Bremse steigen« konnte und versehentlich mit mir zusammenstieß. (Als wir in der dritten Staffel von *Ruhelose Seelen* in das Waisenhaus zurückkehrten, sprachen wir über dieses Erlebnis, und erschreckenderweise entdeckten wir einen Schattenmann an derselben Stelle.)

Manchmal ist ein K-II-Gerät auch der Schlüssel zur Lösung eines Falles. Das geschah, als wir in der zweiten Staffel von *Ruhelose Seelen* das Haus von Carl und Cindy in Providence, Rhode Island, untersuchten. Sie hatten während der fünf Jahre, in denen sie das Haus besaßen, Aktivitäten wie Klopfen und Schritte in ihrem Haus wahrgenommen, aber es wurde immer schlimmer, besonders für Carl. Er hörte, wie Stimmen nach ihm riefen, und einmal sah er, wie sich ein Stuhl von allein hob, sich umdrehte und sanft wieder auf dem Boden aufsetzte. Da die Aufmerksamkeit sich auf ihn richtete, dachte Carl, es könne sich um seine Großmutter Helen handeln. Cindy hatte ebenfalls eine verstorbene Großmutter, die Mary hieß.

Sobald wir anfingen zu ermitteln beziehungsweise schon als wir die Ausrüstung auslegten, ging das K-II-Gerät an. Ich bat den Geist, es zum Leuchten zu bringen, und das tat er. In einer EVP-Sitzung bekamen wir keine Antwort auf den Namen Helen, aber als ich nach Mary fragte, hörten wir: *Mary ist hier.* Als wir sie fragten, ob sie Cindys Großmutter sei, blieb erstaunlicherweise alles ruhig.

Schließlich erhielten wir noch einen Hinweis auf einen früheren Eigentümer namens Jim, der an Krebs verstorben war. Stephanie, eine Hellseherin, die uns bei unseren Nachforschungen half, teilte uns mit, dass Jim sich entschieden hatte, in seinem Haus zu bleiben. Er wollte einfach in Ruhe gelassen werden, um sein eigenes Ding zu machen, und er würde oft gegen Dinge stoßen, was die Klopfzeichen und Schritte erklärte. »Auch wenn ihr eigentlich nicht zur Familie gehört«, sagte sie zu Carl und Cindy, »meinte er, es fühle sich an, als ob ihr Teil der Familie seid.«

Aber wir hatten immer noch nicht herausgefunden, wer Mary war. Schließlich erzählte uns Carl von seiner Tante

Mary McCartle. Jedes Mal, wenn wir fragten, ob sie es war, leuchteten die K-II-Geräte auf.

»Habt ihr eine Ahnung, warum sie in eurer Nähe sein könnte?«, fragte ich Carl.

»Sie war meine Patentante«, sagte er.

»Sie schaut wahrscheinlich nach dir«, vermutete ich. »Auch wenn sie nicht die ganze Zeit hier ist, erfüllt sie vermutlich ihre Patenpflichten.«

Carl und Cindy waren froh, zu erfahren, dass hinter den Aktivitäten keine Bosheit steckte und es so gut wie ausgeschlossen war, dass die Aktivitäten zu etwas Gefährlichem eskalierten. Ihr Haus mag voller Geister gewesen sein, aber es waren solche, die sich aus positiven Gründen dafür entschieden hatten. Nachdem sie wussten, worum es ging, war die Erleichterung bei Carl und Cindy spürbar.

Bewegungen durch SLS-Technik verfolgen

Es ist spannend, dass man bei paranormalen Ermittlungen nie vorhersagen kann, welche Technik zu den besten Ergebnissen führt. Bei einem Fall in der zweiten Staffel von *Ruhelose Seelen* besuchten wir ein Haus, in dem wirklich seltsame Dinge geschahen, besonders rund um die Kinder der Familie. Kate und Mike baten uns, ihr Haus in New Smyrna, Florida, zu untersuchen. Kate hörte Stimmen im Haus, und sie wurde von unsichtbaren Kräften an den Haaren gezogen. Ihr Sohn Gavin war so verängstigt, dass er auf dem Boden im Schlafzimmer seiner Schwester Hailey schlief. Er mochte es gar nicht, wenn die Waschmaschine mitten in der Nacht von selbst anging. Hailey wachte von einem Schattenwesen über ihrem Bett auf. Kate und Mike hatten so viel Angst vor den Auswirkungen auf ihre vier Kinder, dass sie versuchten, das Haus zu verkaufen.

Mike selbst hatte das Gefühl, einem Angriff im Haus entgangen zu sein. Als er versuchte, eine Dachbodentür in der Decke zu öffnen, die mit Farbe versiegelt war, flog ein Teppichmesser in seine Richtung. »Es war fast wie eine Sprengfalle«, sagte er. »So, wie das Ding rausprang, sollte es bestimmt jemanden verletzen.«

In der ersten Nacht der Untersuchung setzte ich die SLS-Kamera im Elternschlafzimmer ein, wo Kate eine Menge Aktivität erlebt hatte. Fast sofort sah ich eine Gestalt auf dem Monitor. Ich bat sie zu winken, und sofort winkte sie mir zu.

In diesem Moment erschien eine größere Gestalt auf dem Bildschirm. Es sah so aus, als ob sie die Hand der kleineren ergriff, und plötzlich verschwanden beide.

So etwas schon in der ersten Nacht aufzunehmen war ein enormer Beweis. Die Art und Weise, wie die Geister miteinander umgingen, legte die Vermutung nahe, dass sie auf irgendeine Weise miteinander verbunden waren. In der zweiten Nacht konnten wir nichts aufspüren. Nicht eine einzige EVP-Aufnahme, außer einem sehr schwachen *Ja,* als wir fragten, ob wir mit Gavins verstorbenem Patenonkel Mike sprechen würden.

Bei der Recherche am nächsten Tag stieß ich auf die Vorbesitzer des Hauses, Edna und Paul Cowell. Edna war davon überzeugt gewesen, dass das Haus sie umbrachte. Wegen der schlechten Dränage des Bodens war das Gelände nicht für eine Bebauung zugelassen. Infolgedessen war das Haus von Schimmel befallen. Edna stritt mit der Stadt um Unterstützung bei der Behebung des Problems und argumentierte damit, dass der Zustand des Hauses bei ihr Lungenschäden verursacht hätte. Die Grundstücksakten enthielten alle ihre handschriftlichen Aufzeichnungen sowie Protokolle von Stadtratssitzungen, in denen sie um Hilfe bat. Letztendlich starb Edna an einer chronisch obstruktiven Lungenerkrankung (COPD), für die sie die toxische Raumluft im Haus verantwortlich machte.

Sofort machte es »klick«. Der Dachboden war abgedichtet worden, um den Schimmel im Inneren einzukapseln. Edna und Paul versuchten, sie zu warnen, dass das Haus eine Gefahr für die Familie war. Nun waren wir in der Lage, endlich mit Edna zu sprechen.

»Was war mit dem Haus los?«, fragte ich sie.

Schimmel, sagte sie.

»Wir fragen uns, ob du dich aufgeregt hast, als sie versucht haben, den Dachboden zu öffnen.«

Ja.

Es stellte sich heraus, dass sie recht hatte. Wir zogen einen Baubiologen hinzu, der im Schlafzimmer des Babys Schimmelbefall feststellte. Glücklicherweise war das Problem noch zu beheben, bevor jemand krank wurde. Wir teilten Edna mit, dass sie geholfen hatte, die Familie zu warnen, und dass diese nun in Sicherheit sei.

Wir entdeckten außerdem weitere Beweise dafür, dass Gavins Patenonkel ebenfalls anwesend war und über seinen Patensohn wachte, wahrscheinlich, um ihn vor den unsichtbaren Gefahren im Haus zu schützen. »Ich finde es toll, dass er hier ist«, sagte Mike. »Das ist tröstlich.«

Seit sie sich um den Schimmel im Haus kümmerten, registrierte die Familie keine Aktivitäten mehr von Paul und Edna.

Mit einer Spirit-Box Stimmen hörbar machen

Ein Gerät, das wirklich überzeugende Ergebnisse liefert, ist die Spirit-Box. Sie scannt einen bestimmten oder den gesamten Frequenzbereich ohne Sender und erzeugt das sogenannte weiße Rauschen. Damit werden Wörter und kurze Sätze von Geistern hörbar gemacht, die sonst nur schwach vernehmbar oder unverständlich sind. Die Spirit-Box, die wir heute verwenden, beruht wie gesagt auf der Technik eines »Frank's Box« genannten Geräts, das 2002 von Frank Sumption erfunden wurde. In dieser frühen Version modifizierte Sumption Radios, sodass sie im Suchlauf in verschiedenen Geschwindigkeiten alle Radiosender beziehungsweise Frequenzen durchliefen. Frank's Box wurde konstruiert, um mit Außerirdischen zu kommunizieren. Sumption behauptet sogar, die Anweisungen zum Bau der Box von Außerirdischen erhalten zu haben.

»Vor ihm gab es den lettischen Erfinder Konstantin Raudive«, sagte Greg Newkirk, der mit seiner Frau Dana das mobile Traveling Museum of the Paranormal and Occult betreibt. Sie bringen es oft mit zu Veranstaltungen von Strange Escapes.

»Raudive war davon überzeugt, dass er mit dem, was schließlich als Raudive-Diode bekannt wurde, die Stimmen der Verstorbenen auf Tonband aufnehmen kann.« Sein Buch *Unhörbares wird hörbar* (englisch *Breakthrough*), das 1968 veröffentlicht wurde, enthielt eine Vinylplatte mit EVP. Man kann sich die Aufnahmen im Internet anhören. »Es gab zwar schon früher EVP-Aufnahmen, aber mit Raudive begann die instrumentelle Transkommunikation«, fügte Greg hinzu. »Leute wie Frank haben später versucht, auf seiner Tonbandstimmenforschung aufzubauen.«

Ich gehöre ebenfalls dazu. Ich baute mir damals sogar mithilfe einer Anleitung aus dem Internet mein eigenes Exemplar von Frank's Box, bevor es die modernen Spirit-Boxen gab. Ich verwendete ein kleines Radio, das man leicht öffnen und modifizieren konnte.

Die Spirit-Box ist unter Umständen unglaublich nützlich, aber es besteht die Gefahr, den damit gewonnenen Beweisen voreingenommen gegenüberzustehen. Denn es kann durchaus sein, dass wir aus den zum Teil schwer zu verstehenden Antworten auf unsere Fragen eher das heraushören, was wir hören *wollen*, und nicht, was tatsächlich gesagt wird. Im Gegensatz zu EVP auf einem Aufnahmegerät können wir die Botschaften aus einer Spirit-Box nicht wiederholen. Wir hören sie einmal, und dann sind sie weg.

Deshalb waren wir so fasziniert, als wir ein Video von Karl Pfeiffer und Connor Randall sahen, welche die Spirit-Box für eine andere Form der Kommunikation nutzten. Es handelte sich dabei um die sogenannte Estes-Methode, die sie zusammen mit der Ermittlerin Michelle Tate entwickelten, als sie 2016 im Stanley-Hotel (in Estes Park, Colorado – daher der Name) als ortsansässige Ermittler tätig waren.

Bei dieser Methode stellt eine Person Fragen, und eine andere (Empfänger) lauscht der Spirit-Box, um die Antworten zu hören. Der Empfänger trägt eine Augenbinde und Kopfhörer mit Geräuschunterdrückung, um äußere Einflüsse so weit wie möglich auszuschalten. »Wir wollten auf diese Weise herausfinden, ob die wahrgenommenen Antworten bei allen übereinstimmen, ohne dass sie durch eine persönliche Befangenheit oder Erwartung verfälscht werden«, sagte Karl. Mit der Methode wollten sie vorschnelle Einschätzungen und Gruppenurteile bei einer Untersuchung verhindern.

»Wer regelmäßig an Ermittlungen teilnimmt, kann beobachten, wie das abläuft: Jemand hört eine EVP-Aufnahme oder etwas, was er für eine Stimme hält, und sagt: ›Oh, die Stimme sagt das und das.‹ Und dann denkt das plötzlich jeder«, erklärte Connor. »Das ist das größte Problem mit den Spirit-Boxen. Man hört die hochfrequenten Zufallsgeneratoren ab, und natürlich spucken sie irgendwelche Töne aus, weil es Geräusche von Radiosendern sind. Aber sobald jemand aus der Gruppe glaubt, etwas Bestimmtes zu hören, wird das plötzlich für alle zur Antwort.«

Wenn du bei dieser Methode der Empfänger bist, kannst du keine der gestellten Fragen hören, und deshalb ist es unwahrscheinlich, dass du statt den tatsächlichen Antworten etwas hörst, was du hineininterpretierst. Da die anderen Sinne blockiert sind und man sich vollständig auf das weiße Rauschen aus der Spirit-Box konzentriert, fällt man beinahe in eine Art Trance, während man auf Antworten wartet. Je öfter wir das machten, desto mehr fragten wir uns, ob wir wirklich die Stimmen aus der Spirit-Box hören oder ob wir in einen Zustand gelangen, in dem wir die Stimmen in unseren Köpfen wahrnehmen können.

Auch Connor bestätigte, dass jemand, der so fokussiert auf die Geräusche aus der Spirit-Box ist, in einen Trancezustand geraten kann. »An diesem Punkt fragst du dich, ob es ein Geist ist, der zu dir spricht, oder ob es sich um eine Trance-Wahrnehmung handelt. Wir wissen nicht sicher, woher die Antworten kommen, aber die Empfänger verändern bei dieser Arbeit ihren Bewusstseinszustand, und bisher hat dadurch die Kommunikation mit einem anderen Wesen ziemlich oft geklappt.«

Greg Newkirk stimmt mit Connor überein. »Ich glaube, es gibt bei diesen Geräten ein Element, das Menschen in einen Trancezustand versetzt. Der bewusste Verstand ist so damit beschäftigt, dieser Funkverbindung zuzuhören, dass das Unterbewusstsein viel eher übersinnliche Wahrnehmungen empfängt«, sagte er. »Meiner Meinung nach ist unser Bewusstsein viel komplexer, als wir ihm zugestehen. Und ich denke, dass dort eine Menge solcher Dinge passieren. Manchmal braucht man einfach nur einen Zufallsgenerator für weißes Rauschen, um seinen Geist so weit zu beruhigen, dass man sie wahrnehmen kann.«

Es gibt so viele weitere interessante Variationen dieser Methode, die immer noch entwickelt werden, wie zum Beispiel die Befragung aus der Ferne über ein Babyfon®, oder dass mehrere Personen, die räumlich voneinander getrennt sind, als Empfänger agieren. Greg und Dana führten zusammen mit Karl und Connor einige faszinierende Versuche durch, bei denen Spirit-Boxen mit anderen, weniger bekannten Methoden kombiniert wurden, und zwar in ihrer Dokumentarserie *Hellier*, in der sie tief in einen paranormalen Fall eintauchen, wodurch am Ende eine Verbindung zu Außerirdischen und alten Göttern hergestellt wird. In einer Folge kombinieren sie die Estes-Methode mit einem Gerät mit der Bezeichnung »God Helmet«, von dem angenommen wird, dass es das Gehirn in denselben Zustand versetzt wie bei einem religiösen, übersinnlichen oder übernatürlichen Erlebnis. Bei dem Versuch trägt Dana den Helm und stellt in ihrem erweiterten übersinnlichen Zustand Fragen an Connor, der mit verbundenen Augen und geräuschunterdrückenden Kopfhörern als Empfänger auftritt. Das anschließende Gespräch, so glauben sie, findet mit einem außerirdischen Wesen statt.

Ne, oder? Das ist so cool.

Bei *Ruhelose Seelen* haben wir mit eingeschränktem Hintergrundwissen experimentiert, um zu sehen, ob das die

Ergebnisse der Estes-Methode beeinflusst. Manchmal, wenn Adam als Empfänger fungiert, nutze ich für meine Fragen Informationen, die er noch nicht kennt. Bei dieser Methode weiß ich, dass seine Antworten in keiner Weise durch seine Kenntnisse über den Fall beeinflusst werden. Inzwischen machen wir das ziemlich regelmäßig. Anstatt ihn über meine Recherche-Ergebnisse zu informieren, führen wir eine Sitzung nach der Estes-Methode durch, und die Ergebnisse werden noch interessanter.

Eine der intensivsten Erfahrungen, die ich je mit einer Spirit-Box machte, ereignete sich in der vierten Staffel der Serie, als wir die Farrar School in Maxwell, Iowa, besuchten. Die Besitzer Jim und Nancy hatten die 1922 erbaute, berühmt-berüchtigte (und dann geschlossene) Grundschule mit der Absicht gekauft, sie in eine Event-Location umzugestalten. In den anderthalb Jahren, bevor wir dorthin kamen, hatten sie das Gefühl, dass etwas sehr Dunkles im Spiel war. Es gab mehrere Berichte über einen Schattenmann, der überall im Gebäude auftauchte und die Menschen terrorisierte.

In der ersten Nacht versuchten wir mit der Estes-Methode, uns ein Bild von der Situation zu machen. Adam stellte Fragen und erhielt Antworten wie *Ich bin gestorben; die Farm; April; ich wurde aufgeschlitzt; mach es richtig.*

Am nächsten Tag recherchierten wir in der örtlichen Bibliothek und stießen auf den einzigen ungelösten Mord in dieser Gemeinde. Im Jahr 1975 war die Leiche eines Mannes namens Terry mit durchgeschnittener Kehle aufgefunden worden. Er hatte schon mehrere Monate dort gelegen, bis er entdeckt wurde. In welchem Monat? Im April.

Mit dieser Information kehrten wir zur Schule zurück. Aber je mehr wir nachforschten, desto deutlicher merkten wir, dass es noch weitere Geister gab, die von Terry negativ beeinflusst wurden. Die Anzeichen deuteten immer mehr darauf hin, dass Terry der bedrohliche Schattenmann war, und er belästigte sogar die anderen Geister. In einer EVP-Sitzung fragte ich:»Gibt es hier jemanden, dem ihr nicht vertraut?« Die Antwort war: *Terry.*

Es waren allerdings so viele Geister anwesend, dass es uns schwerfiel, jeweils mit nur einem von ihnen zu sprechen, und Terry – derjenige, mit dem wir wirklich sprechen mussten – versteckte sich hinter den anderen und war nicht bereit zu kommunizieren. Also baten wir Chip Coffey um seine Hilfe bei einer Untersuchungsmethode, die wir in der Serie noch nie ausprobiert hatten. Er und ich saßen Seite an Seite, beide mit verbundenen Augen und Kopfhörern, und lauschten an verschiedenen Spirit-Boxen. Ich hoffte, direkten Kontakt mit Terry herstellen zu können, solange die anderen Geister mit Chip kommunizierten.

Das tat ich. Und er war nicht erfreut.

»Terry muss nicht darüber reden«, sagte Adam, »aber jemand von euch könnte mir einfach sagen, ob Terry hier ist.«

Mach deinen Job, hörte ich. *Ihr könnt mich mal.*

In diesem Moment war Adam sich ziemlich sicher, dass Terry mit mir sprach und die anderen Geister mit Chip.

»Warum bist du hier, Terry?«, fragte Adam. »Brauchst du überhaupt unsere Hilfe?«

Na gut, dann fangen wir an, hörte ich.

»Was du hier treibst, hat Auswirkungen auf alle«, sagte Adam. Ich hörte Gelächter in meinen Kopfhörern. »Ich weiß, dass dir etwas Schlimmes zugestoßen ist. Wir können das nicht in Ordnung bringen. Aber willst du darüber reden?«

Terry wich den Fragen weiter aus, während neben mir Chip Botschaften mit zunehmender Bedrängnis und Furcht erhielt. *Er kommt,* hörte Chip. *Er ist es. Versteck dich.*

Während das geschah, rüttelte etwas an meinem Stuhl.

»Du musst Amy in Ruhe lassen, Terry«, sagte Adam.

Verpiss dich, hörte ich.

In diesem Moment tauschte Adam mit mir, weil er glaubte, dass Terry mit mir spielte und dass er vielleicht bessere Antworten bekäme, weil Terry nicht so interessiert an ihm war.

»Was hast du zu sagen, Terry?«, fragte ich.

Ich werde stärker, hörte Adam. *Mir gefällt es hier.*

»Mir gefällt es hier auch«, sagte ich, »aber du musst die Leute mit Respekt behandeln. Kannst du das tun?«

Älterer Bruder, hörte Adam.

»Einer deiner Brüder ist verstorben. Hast du das gewusst? Wenn du weiterziehen würdest, könntest du bei ihm sein.«

Ich wusste es nicht.

»Du wusstest nicht, dass dein Bruder gestorben ist? Deine Mutter ist auch gestorben.«

Hör auf.

»Du bist hier, aber du könntest bei ihnen sein. Weißt du das?«

Ich habe Angst.

»Du darfst Angst haben«, sagte ich, »aber du musst wirklich nicht hierbleiben. Was sollen wir denn für dich tun?«

Weggehen.

»Das ist hart für dich, ich weiß«, sagte ich.

Ich stehe nicht auf Gott. Erlösung.

»Ist es das, wovor du Angst hast? Ist das der Grund, warum du nicht weitergehst? Hast du Angst, wohin du gehen wirst? Willst du weiterreden? Wenn du gehst ...«

Du bist das Problem.

»Wenn du hierbleibst, kannst du dann bitte aufhören, die anderen Leute hier zu schikanieren? Kannst du dich benehmen?«

Ich gehöre dazu.

»Das tust du«, antwortete ich, »aber du musst fair zu den anderen sein, die vor dir hier waren. Schaffst du das? Du kannst ein Teil von hier sein, oder du kannst weiterziehen und bei deiner Familie sein, aber so oder so musst du dich benehmen.«

So ehrlich wie möglich.

Es schien uns, als hätte er Angst weiterzuziehen, da ihm etwas zustoßen könnte, und dass er in der Schule bleiben wollte. »Er fühlt sich wie der Außenseiter und ist irritiert darüber, wie er sich hier verhalten soll«, erklärte Chip.

Wir hielten es für möglich, dass sein aggressives Benehmen in Wirklichkeit ein Schutzmechanismus war und er sich deshalb den anderen Geistern und lebenden Menschen gegenüber so heftig verhielt. Wir hofften, dass die Zuwendung ihn beruhigte.

Wir vermuten, dass Terry in die Schule kam, weil sie seit dem Kauf durch die neuen Besitzer häufiger untersucht worden war. Adam und ich haben die Theorie, dass ein Ort, der oft untersucht wird, weitere Geister anzieht, weil er wie ein Leuchtturm für sie ist. Terry könnte einer von denen gewesen sein, die davon angezogen wurden.

Damit er sich willkommen fühlt und um ihn zu ermutigen, etwas mehr Frieden zu finden, errichteten wir eine kleine Gedenkstätte in einem der Klassenzimmer. Menschen, die herkommen, können Nachrichten an Terry schreiben und ihn wissen lassen, dass man sich seiner erinnert. Wir hörten, dass dies sehr half und er jetzt einer der »normalen Geister« ist und mit allen anderen auskommt.

Sein Fall kam nicht in die Serie, aber unsere Theorie ist, dass er hierbleiben wird, bis der Mord aufgeklärt ist. Es wird etwas dauern, bis er sich entscheidet weiterzuziehen.

Mit Kindern kommunizieren

Eine der innovativsten Entwicklungen von Shawn Porter ist Boo Buddy, ein Ermittlungsgerät, das in einen Teddybären eingebaut wird. Manche Leute fragen, warum das notwendig ist, aber genau wie lebende Kinder können die Geister von Kindern schüchtern sein und Angst haben, mit Fremden zu sprechen. Boo Buddy ist so liebenswert, dass meine eigene Tochter ihn manchmal klaut, um damit zu spielen. Es gab einen Fall, in dem dieser Bär der Schlüssel war, um herauszufinden, was in einem Haus vor sich ging.

In der ersten Staffel von *Ruhelose Seelen* besuchten Adam und ich ein Haus außerhalb von Pittsburgh, Pennsylvania, wo Kristy mit ihren beiden kleinen Kindern lebte. Sie berichteten, sie würden eine bedrohliche Schattengestalt in ihrem Haus sehen. Kristy dachte, es könnte ihre Großmutter sein, die in ihrem Schlafzimmer gestorben war. Kristy hatte das Haus ihrer Großmutter gekauft, obwohl die beiden sich Jahre vor dem Tod der älteren Frau zerstritten hatten. Mit Chip Coffeys Hilfe fanden wir Beweise, dass die Großmutter anwesend war und Kristy und ihrer Familie Botschaften der Liebe schickte.

Aber Chip stieß auch auf eine andere und viel dunklere Geschichte, die er mit Missbrauch in Verbindung brachte. Bei einer Sitzung nach der Estes-Methode fragte Adam nach dem Namen des Geistes, und ich hörte: *Amy*. Er fragte daraufhin: »Weißt du, dass das hier Amy ist?«

Ich weiß es nicht.

Wir recherchierten ein wenig in der Gegend und entdeckten eine der schlimmsten Geschichten, die mir je begegnet ist. In einem Haus nicht allzu weit von Kristy entfernt hatte Mitte der Achtzigerjahre ein kleines Mädchen namens Amy gelebt. Sie war dreieinhalb Jahre alt, als ihre Stiefmutter sie in die Badewanne mit kochend heißem Wasser steckte. Amy flehte, aus dem heißen Wasser aufstehen zu dürfen, aber die Frau zwang sie drinzubleiben. Das kleine Mädchen erlitt dadurch Verbrennungen ersten bis dritten Grades am ganzen Körper und starb am nächsten Morgen im Krankenhaus an einem Herzstillstand.

Ich kann mir einfach nichts Schrecklicheres vorstellen als das.

Wir mussten versuchen, sie zu erreichen.

Weil wir es für wahrscheinlich hielten, in Kontakt mit Amy zu treten, setzten wir in der nächsten Nacht einen Boo Buddy ein. Im Inneren des Teddys befinden sich Sensoren, die Berührungen, EMF, EVP und Temperaturveränderungen erfassen. Wenn ihn etwas berührt, sagt der Bär: »Das kitzelt!« Und wenn die Temperatur steigt oder fällt, fragt der Bär, ob es der Geist war, der diese Veränderung verursachte.

Adam, Chip und ich saßen um den Bären herum und hofften, mit Amy sprechen zu können. Als ich Chip erzählte, was mit ihr passiert war, hörten wir plötzlich: *Habt ihr es hier drinnen warm gemacht?*

»Wir haben über heißes Wasser gesprochen«, sagte Chip, »und da ist die Temperatur gestiegen.«

Wir spürten deutlich, dass sie anwesend war. »Es ist viel Liebe in diesem Raum«, sagte Chip und wandte sich direkt an sie, »und du brauchst keine Angst zu haben, hier bei uns zu sein.«

»Amy?«, fragte ich. »Geht es dir gut? Wenn es dir gut geht, kannst du die Lichter für uns anmachen?« Das K-II-Gerät leuchtete auf.

»Bist du gern hier, weil es andere Kinder gibt, mit denen du spielen kannst?«, fragte Adam. Wieder die Lichter.

»Wenn du bleiben und spielen willst, kannst du das tun. Aber es gibt nichts mehr, wovor du Angst haben musst«, sagte ich zu ihr, untröstlich darüber, dass dieses kleine Mädchen, das ohne Grund verletzt worden war, so lange dageblieben war. »Niemand wird dir jemals wieder wehtun. Aber du musst nicht an diesem Ort bleiben.«

Damit hörte die Aktivität auf. Etwas veränderte sich im Raum. Wir alle spürten, dass Amy gegangen war.

Diese einfachen Grundlagen sind wirklich nur die Spitze des Eisbergs, wenn es um die Ausrüstung für paranormale Forschung und Untersuchung geht. Die Ausrüstung entwickelt sich ständig weiter, da Paraforscher an bereits vorhandenen Produkten herumtüfteln, um sie besser an die Anforderungen ihrer spezifischen Versuche anzupassen. Es ist faszinierend zu beobachten, was alles aus dem intensiven Interesse an diesem Bereich entsteht.

ﾐ Spuk im Badezimmer

Nach dem College lebte ich mit meinem Freund in Placerville, Kalifornien. Man hatte mir gerade die Weisheitszähne gezogen, weshalb ich Antibiotika einnahm. Eines Abends ging ich nach oben ins Bad, um mir die Zähne zu putzen und meine Abendtabletten zu nehmen, doch die Packung war nirgends zu finden.

»Hast du meine Tabletten gesehen?«, fragte ich.

»Sie stehen auf dem Waschbecken«, antwortete mein Freund.

Das Waschbecken war bis auf unsere Zahnbürsten komplett leer. »Sie sind nicht da«, sagte ich. Also kam er nach oben, um nachzusehen, fand sie aber nicht.

Ich ging zurück ins Bad, um selbst noch einmal zu suchen, aber nichts. Ich rastete aus. Ich war in einem Haus aufgewachsen, in dem sich die Dinge bewegten, und jetzt hatte ich es einfach satt. »Hör zu«, sagte ich in den leeren Raum. »Ich weiß nicht, warum du die Tabletten genommen hast. Das ist ein Medikament. Ich brauche es. Ich habe eine Infektion, und es hilft mir. Kannst du es also bitte zurücklegen?«

Als ich mich zum Gehen wandte, schaltete ich das Licht aus. Doch dann hielt ich inne. Etwas in meinem Kopf sagte: »Mach das Licht an und dreh dich um.«

Die Tabletten lagen genau dort, in der Mitte des Waschbeckens. Wir hatten zu zweit nachgesehen und hätten sie an dieser Stelle niemals übersehen können.

Irgendetwas hatte sie zurückgelegt, als das Licht aus war.

Kapitel 6

Nicht immer ist es ein Geist

Wenn du glaubst, es spukt in deinem Haus, habe ich schlechte Nachrichten für dich: Wahrscheinlich ist das nicht der Fall.

Ich weiß, ich weiß ... Ich finde es auch schade. Aber wenn mir Leute erzählen, dass es bei ihnen spukt, gehe ich gedanklich eine Liste mit allen möglichen Ursachen durch, die nicht übernatürlich sind. Es könnte technische Probleme im Haus geben oder die Bewohner haben körperliche beziehungsweise psychische Probleme, die sich wie paranormale Phänomene zeigen. Ob du es glaubst oder nicht, bei diesem Job geht es hauptsächlich um den Nachweis, dass es sich *nicht* um Geister handelt.

Aus diesem Grund fand ich es toll, bei *Ghost Hunters* dabei zu sein, besonders am Anfang. Die Serie war sehr darauf ausgerichtet, Erscheinungen kritisch zu hinterfragen und die wahren Hintergründe herauszuarbeiten. Wir sind nie mit der Einstellung in einen Raum gegangen, auf jeden Fall einen Geist vorzufinden, sondern versuchten, sachliche Erklärungen zu liefern. Wir nahmen es sehr genau mit den

Beweisen und suchten gründlich nach möglichen äußeren Faktoren für die Probleme. Ich fühlte mich in dieser Hinsicht sehr wohl. Diese Vorgehensweise wurde vom Team, von der Produktionsfirma und vom Sender mitgetragen.

Steve Gonsalves sagte immer, dass die Beweise umso tragfähiger seien, je gründlicher man sie hinterfrage, wenn man sie nicht widerlegen kann. Auch wenn wir eine »natürliche« Ursache für ein Ereignis entdecken: Ich finde das genauso beeindruckend wie etwas Paranormales. Du löst das Problem, nur auf andere Art und Weise. Diese Form der Lösungsfindung ist genauso wichtig, denn je häufiger wir einen falschen Alarm erkennen, desto mehr lernen wir daraus, und es wird immer einfacher, etwas auf den Prüfstand zu stellen, die Ursache zu beseitigen und sich auf die rätselhaften Aktivitäten zu konzentrieren.

Eine gesunde Portion Skepsis ist unerlässlich, um als Paraforscher erfolgreich zu sein. Wenn du erst einmal eine Weile dabei bist, bemerkst du die Gemeinsamkeiten zwischen den Berichten der Leute und kannst ihnen leichter Erklärungen liefern. Aber du wirst auch feststellen, dass die Leute möglichst schnell von dir hören wollen, dass es sich um einen Geist handelt, statt eine rationale Erklärung zu akzeptieren. Skepsis ist also sehr wichtig, denn du gehst ja mit dem Ziel in die Arbeit, eine vernünftige Lösung oder sachliche Gründe zu finden, damit die Menschen in ihrem eigenen Haus keine Angst haben müssen.

Offen gestanden lösen oft rein physikalische Ursachen Vorgänge in einem Haus aus. Natürlich sind unheimliche Geräusche gruselig, und Türen, die von allein zuschlagen, jagen jedem einen Schauder über den Rücken. Aber es gibt viele Fälle, in denen die Gründe im Haus selbst liegen und nicht in einer Geistererscheinung.

Solche Ursachen sind in der Regel recht einfach zu identifizieren. Das größte Problem sind Geräusche in Rohrleitungen. Türen knallen von allein zu, wenn Fenster offen stehen, auch in anderen Räumen, weil der Luftstrom ein Vakuum erzeugen kann, das die Tür ins Schloss zieht. Vielleicht steht ein Haus nicht ganz eben, oder die Böden sind schief, und das erklärt, warum Türen auch ohne Luftzug von selbst aufgehen. Vielleicht ist auch der Türrahmen verzogen. Möglicherweise wachst du mit seltsamen Sinneswahrnehmungen auf, weil der Wecker neben deinem Bett, der zwanzig Jahre alt ist, ein starkes elektromagnetisches Feld erzeugt und deinen Geist verwirrt.

Einige Ermittler setzen gern Wärmebildkameras ein, um Entitäten zu sehen, die eine andere Temperatur haben, aber ich finde sie besonders nützlich, um zum Beispiel Schädlinge im Mauerwerk aufzuspüren, die seltsame Geräusche verursachen können. Adam und ich erkundeten für *Ghost Hunters* einmal unheimliche Vorgänge in einer Wohnung über einem Restaurant in New Jersey. Wir blieben über Nacht dort, und plötzlich hörte ich kratzende Geräusche. Ich schnappte mir die Wärmebildkamera und entdeckte ein Tier im Inneren der Mauer.

Das Gleiche passierte vor meiner Tätigkeit im Fernsehen, als ich half, ein Restaurant in Südkalifornien zu untersuchen, in dem es spuken sollte. Jeden Morgen lagen zerbrochene Gläser auf dem Boden, und keiner der Mitarbeiter und Besitzer hatte eine Ahnung, warum. Das Team stellte über Nacht einen digitalen Videorekorder auf, der eine Ratte aufnahm, während sie die Wand hochkletterte, hinter die Gläser krabbelte und sie umstieß. Die Restaurantbetreiber wussten nicht, dass es Ratten gab (oder sie sagten es uns zumindest nicht).

Viele Leute, die sich für Geister interessieren, bitten mich darum, ein Foto anzusehen, auf dem eine übernatürliche Präsenz zu sehen sein soll. Sie hoffen, dass ich ihre Theorie bestätige und sage, da sei wirklich etwas Seltsames zu sehen. Ich lehne das immer ab, es sei denn, die Leute wollen herausfinden, dass *keine* Geister zu sehen sind. Man verwechselt Staub, Schatten oder Lichtreflexionen einfach zu schnell mit etwas Interessanterem.

Diese Art von Falschmeldungen mag ich am wenigsten, denn ich war ja nicht dabei, als das Foto gemacht wurde, und kann nicht sagen, was dabei wirklich vor sich ging. Ich kann das, was die Betroffenen behaupten, nicht einfach als Tatsache hinnehmen oder dafür garantieren. In den meisten Fällen wird behauptet, eine unscharf abgebildete Frau im Hintergrund einer Aufnahme sei »definitiv nicht da« gewesen, obwohl sie in Wirklichkeit auf einem anderen Foto desselben Ereignisses auftaucht und nur nicht bemerkt wurde.

Das passiert oft bei Geistertouren, besonders an Spukorten wie Gettysburg, Pennsylvania, oder Williamsburg, Virginia. Die Leute suchen an jeder Ecke nach Geistern und wollen unbedingt glauben, dass der Schatten im Hintergrund ihres Fotos wirklich ein Geist ist. Hast du eine Bestandsaufnahme aller zwanzig Teilnehmer deiner Gruppe gemacht und ihre genaue Position zu dem Zeitpunkt ermittelt, als das Foto geknipst wurde, sodass du dir sicher sein kannst, dass sich an dieser einen Stelle auch wirklich niemand aufhielt?

Bei »Spukfotos« oder anderen übersinnlichen Ereignissen sind zwei bekannte psychologische Effekte im Spiel: Der Begriff *Pareidolie* beschreibt das Phänomen, dass wir in abstrakten Mustern, in Gegenständen oder Formen, zum Beispiel in Wolken, Gesichter oder Gegenstände sehen. Das menschliche Gehirn komplettiert unvollständige Bilder zu

Gesichtern, auch wenn sie gar nicht vorhanden sind. Eine Unterform davon ist die *Apophänie*, bei der Muster und Verbindungen zwischen zufällig vorhandenen Objekten wahrgenommen werden, die in keiner Weise miteinander in Beziehung stehen.

Dies tritt besonders bei den Fällen auf, in denen religiöse Bilder auf Lebensmitteln entdeckt wurden. Im Jahr 2004 verkaufte eine Frau aus Florida einen gegrillten Käse, von dem sie glaubte, dass er das Bild der Jungfrau Maria zeigte, für achtundzwanzigtausend Dollar an ein Casino. Diese Geschichte sorgte für ein großes Medienecho und inspirierte die Drehbuchautoren der Serie *Glee* zu einer Folge mit dem Titel *Grilled Cheesus*. Aber es gibt noch mehr Storys wie diese: In Nashville, Tennessee, soll auf einem »Nunbun«-Gebäck das Bild von Mutter Teresa erschienen sein, auf einer »Wundertortilla« in New Mexico und auf einem verbrannten Fischstäbchen in Ontario jeweils ein Bild von Jesus. In Indien und in Großbritannien leben zwei Frauen, die unabhängig voneinander behaupten, im Samen einer Aubergine das Wort »Allah« entdeckt zu haben.

Wenn du also etwas auf einem Foto siehst, was nicht wirklich existiert, heißt das nicht gleich, dass du verrückt bist: Dein Gehirn sucht danach, und deine Offenheit für die Verrücktheiten dieser Welt signalisiert dir, es könne etwas Übernatürliches sein.

Während die Pareidolie uns etwas vorgaukelt, was nicht wirklich vorhanden ist, gibt es das andere psychologische Phänomen, dass wir etwas nicht wahrnehmen, was wirklich existiert: die selektive Aufmerksamkeit. Dies geschieht, wenn das Gehirn sich so auf eine (relevante) Aufgabe konzentriert, dass es andere (irrelevante) Objekte oder Geschehnisse, die gleichzeitig ablaufen, als störende Reize ausblendet. Ein Beispiel dafür ist das berühmte Video *The Monkey Business Illusion* der Harvard-Forscher Christopher Chabris und Daniel Simons. In dem Video sind sechs Personen zu sehen, die Basketball spielen: drei in weißen Shirts und drei in schwarzen. Die Zuschauer sollen mitzählen, wie viele Ballkontakte die Spieler in den weißen Shirts haben. Mitten im Spiel kommt eine als Gorilla verkleidete Person auf das Spielfeld, bleibt stehen, trommelt sich auf die Brust und entfernt sich dann langsam wieder. Etwa die Hälfte der Probanden, die das Video zum ersten Mal zu Gesicht bekommen (wenn sie nicht schon vorher von einem ähnlichen Versuch gehört haben), übersehen den Gorilla, weil sie sich so sehr auf den Ballwechsel konzentrieren. Aber dann wird es noch besser. Wer schon etwas über das Experiment weiß und daher informiert ist, dass man auf den Gorilla achten muss, merkt nicht, dass die Farbe im Hintergrund wechselt oder dass einer der Spieler im schwarzen Shirt das Spielfeld verlässt.

Selektive Aufmerksamkeit ist ein großes Thema bei paranormalen Untersuchungen, weil die Leute nach dem suchen, was sie sehen wollen, manchmal zulasten dessen, was tatsächlich passiert. Das ist einer der Gründe, warum ich mich heute weniger für Untersuchungstechnologie interessiere. Denn genau wie im richtigen Leben nimmt man umso weniger wahr, was im eigenen Umfeld passiert, je mehr man mit dem Bildschirm beschäftigt ist.

Ich gebe ja zu, dass es enttäuschend ist, wenn sich ein Foto nicht als das herausstellt, was man sich erhofft hat. Doch damit muss man sich als Ermittler abfinden und bereit sein, andere Möglichkeiten in Betracht zu ziehen. Mehr noch, man muss in der Lage sein zuzugeben, wenn man sich geirrt hat. Es kommt oft vor, dass jemand ein Foto präsentiert, von dem er begeistert ist, und einen anderen Paraforscher nach seiner Meinung fragt. Wenn dieser dann eine rationalere Erklärung für das hat, was auf dem Foto zu sehen ist, reagiert der andere oft verschnupft, statt aufgeschlossen zu sein und aus der Situation zu lernen. Aus diesem Grund antworte ich den Leuten, deren Fotos ich begutachten soll, dass sie mir keine geben sollten, wenn sie nicht offen sind für eine andere Antwort als erwartet.

Meist sorgen Insekten, Feuchtigkeit oder Flecken auf der Linse, Nebel oder Rauch, ein Haar, ein Spinnennetz oder der Umhängegurt vor dem Objektiv für seltsame Effekte auf Fotos. Im Internet findest du viele Beispiele für derartige optische Täuschungen. Wenn du also denkst, etwas Paranormales eingefangen zu haben, solltest du zuerst einen Blick auf diese Fotos werfen, um sicherzustellen, dass du wirklich etwas hast, was eine nähere Untersuchung lohnt.

Vor allem sogenannte Orb-Fotos finde ich schwierig. Ich habe Lichtanomalien beobachtet, die sich als Kugel zeigen und ausstrahlen. Ich sah sie mit eigenen Augen und fing sie mit der Kamera ein. Sie sehen aber keineswegs aus wie ein Orb. Was du auf einem Foto für einen Orb hältst, sind fast immer Teppichfasern, Staub oder winzige Spinnen, die über die Linse krabbeln. Wir sehen sie andauernd mit unseren digitalen Videorekordern. Mit dem Aufkommen der Digitalfotografie und der verbesserten Tiefenschärfe der Apparate tauchen mehr Orbs denn je auf, und sie sind fast nie das, was man denken könnte.

Oft nehmen Menschen an, in ihrem Haus ginge etwas Paranormales vor, weil ein Geist für manche eine einfachere Erklärung zu sein scheint als ein gesundheitliches Problem bei ihnen selbst oder bei einem Familienmitglied. Ich bekomme viele E-Mails von Leuten, die sagen, dass ihr Kind etwas Paranormales erlebt, zum Beispiel dass ihre Tochter einen Schattenmann in ihrem Schrank sieht, sie zu viel Angst hat, um einzuschlafen, und nicht mehr in ihr Zimmer gehen will. Du sagst vielleicht, das sei wirklich ein großes Problem und sie müsse den Schattenmann so schnell wie möglich loswerden. Meine Antwort lautet immer: »Was sagt der Kinderarzt?« Meistens klingt die Reaktion darauf empört. Die Leute sind verärgert, weil ich andere Möglichkeiten in Betracht ziehe, statt sofort zu akzeptieren, dass ihr Kind heimgesucht wird. Ich verstehe diese Reaktion nicht. Kinder sehen die ganze Zeit über etwas. Wäre es dir nicht lieber, wenn es sich um ein ganz normales kindliches Verhalten handelte und nicht um einen echten Geist, der dein Kind die ganze Nacht belästigt?

Es gibt ein breites Spektrum körperlicher Probleme, die mit übernatürlichen Phänomenen verwechselt werden können, darunter Schlaflähmungen und Schlafhalluzinationen. Man wacht auf und kann sich nicht mehr bewegen oder halluziniert schreckliche Begebenheiten. Die Vermutung, dass etwas Bedrohliches diese Situation verursacht, ist naheliegend. Ich weiß das, weil ich selbst schon Schlafparalysen und Halluzinationen hatte. Es gibt Zeiten, in denen ich aufwache, völlig bewegungsunfähig daliege und riesige Spinnen über das Kissen krabbeln sehe. Wenn einem niemand diese Situation erklärt, denkt man natürlich sofort an etwas Paranormales. Es ist absolut erschreckend, wenn so etwas passiert, vor allem während man im Halbschlaf dahindämmert. Ich las auch Berichte über Menschen, die aus dem Koma erwachen oder vom Beatmungsgerät entwöhnt werden und Dinge sehen oder hören, die jenseits des Normalen zu liegen scheinen. Kohlenmonoxid und Schimmel sind ebenfalls dafür bekannt, Halluzinationen zu verursachen.

Sarah Coombs ist eine Psychotherapeutin, die den Zusammenhang zwischen paranormalen Erscheinungen und psychischen Erkrankungen untersucht. »Es gibt eine ganze Liste von Diagnosen, die auditive, visuelle und sogar taktile Halluzinationen umfassen, die leicht mit paranormalen Aktivitäten verwechselt werden können«, sagte sie. Sie glaubt, dass es bei der Untersuchung eines Hauses, besonders wenn gestörte Familienstrukturen und -prozesse im Spiel sind, sinnvoll sein kann, psychische Probleme als mögliche Ursachen in Betracht zu ziehen. »Um sicher zu sein, dass etwas wirklich paranormal ist, was bedeutet, dass wir keine andere Erklärung dafür finden können, wäre es beinahe fahrlässig, nicht im ersten Schritt eine psychische Störung auszuschließen.«

Ich habe viele Fälle kennengelernt, bei denen ich vermutete, dass die Vorgänge in einem Haus mehr mit den dort lebenden Menschen zu tun hatten als mit einer übernatürlichen Präsenz. Ich erlebe das vor allem bei Eltern, die mir erklären, ihre Kinder würden heimgesucht oder seien besessen, und meinen, sie müssten spirituell einschreiten, sich aber weigern, die Kinder medizinisch behandeln zu lassen. Es gibt Situationen, in denen die Leute wegen meines Vorschlags, einen Arzt aufzusuchen, so wütend auf mich sind, dass sie mich öffentlich beschimpfen. »Dabei handelt es sich um eine unbewusste kognitive Verzerrung«, erklärte Sarah. Die Leute wollen lieber glauben, dass es bei ihnen spukt, als zuzugeben, dass sie ein Problem haben, das nicht mit einer einfachen paranormalen Untersuchung gelöst werden kann.

Um es ganz klar zu sagen: Ich behaupte nicht, dass du dir Sorgen um deine geistige oder körperliche Gesundheit machen musst, wenn du glaubst, eine Präsenz sei in deinem Haus anwesend. Ich spreche von einer sehr begrenzten und spezifischen Reihe von Umständen, unter denen ich ein

Haus untersuchte und die vorgefundenen Beweise nicht mit dem übereinstimmten, was innerhalb der Familie passierte, oder wenn die Schilderungen eher nach einem gesundheitlichen Problem als nach Spuk klangen. Ich behaupte auch nicht, dass psychische Probleme etwas Negatives sind. Die Stigmatisierung psychischer Erkrankungen ist unnötig und ungerecht. Ich setze mich einfach in den Fällen dafür ein, medizinischen oder therapeutischen Rat einzuholen, wenn es für eine Person oder eine Familie die bessere Option ist.

Oft ist ein gesundheitliches Thema auch nur ein Teil des Problems. Paranormale Situationen bringen Stress mit sich, sodass sich der Zustand einer Person mit gesundheitlichen Problemen durch die erhöhte Anspannung und die Schwierigkeiten im Haus verschlechtern kann. Es gibt auf jeden Fall Situationen, in denen die Erklärung der paranormalen Aktivität nur einen Teil des Problems erhellt. Aus Respekt vor der Privatsphäre der Betroffenen geben wir diesen Teil des Gesprächs in *Ruhelose Seelen* nur höchst selten preis, aber das kommt öfter vor, als man vielleicht denkt.

Es gibt zahlreiche, mehr oder weniger gut behandelbare psychische Störungen, die optische oder akustische Halluzinationen auslösen können, wie zum Beispiel schwere depressive Episoden (»Major Depression«). »Depressive Störungen können in jedem Lebensalter bei jedem Menschen auftreten«, sagte Sarah. »Eine ›Major Depression‹ wird mit verursacht durch eine Stoffwechselstörung im Gehirn, die psychotische Symptome wie Halluzinationen und Wahnvorstellungen umfassen kann. Wir wissen immer noch nicht genau, warum das so ist – eine Hypothese lautet, dass durch eine Störung der biochemischen Vorgänge an den Serotonin- und Dopamin-Rezeptoren halluzinatorische Effekte möglich sind.« Schizophrenie und zugehörige psychotische

Störungen sind ebenfalls durch Wahnvorstellungen und Halluzinationen gekennzeichnet. Auch psychoaktive Substanzen wie LSD und andere sogenannte Freizeitdrogen können tief greifende psychische Veränderungen hervorrufen, die zu Wahrnehmungsverzerrungen und Realitätsverlust mit Sinnestäuschungen führen.

Ein weiterer Aspekt, den man im Hinterkopf behalten sollte, ist der Einfluss, den traumatische Erlebnisse auf unsere Wahrnehmung und Akzeptanz unserer Erfahrungen mit der Welt haben können. »Ein Trauma, besonders ein Kindheitstrauma und die daraus resultierende posttraumatische Belastungsstörung, kann lang anhaltende emotionale Probleme auslösen, auch bei den Familienmitgliedern der betroffenen Person«, sagte Sarah. Die Geschichten über eine angebliche übernatürliche Präsenz, die alle Familienmitglieder terrorisiert, tauchen überwiegend in Familien auf, die mit den Folgen von traumatischen Ereignissen und deren bleibenden und unsagbaren Schmerzen zu kämpfen haben. »Ein Trauma ist sehr schwer zu akzeptieren, und es ist viel einfacher zu sagen, dass es etwas anderes ist, das einem das antut«, erklärte sie. Für Spukerscheinungen kann man nicht verantwortlich gemacht werden, man hat keine Kontrolle darüber. Es ist unglaublich schwer, sich der Verletzlichkeit, der Scham und den Schuldgefühlen zu öffnen, die oft mit körperlichem respektive sexuellem Missbrauch und/oder häuslicher Gewalt einhergehen – egal, ob sie einem selbst oder jemandem, den man liebt, zugefügt wurden –, und es kann Jahre harter, hoch emotionaler Arbeit in der Therapie erfordern, um sie zu bewältigen.

Auch Trauer und Verlust können diese Wirkung haben. »Das ist keine Depression im klassischen Sinne, aber die Trauerarbeit kann Menschen in einen depressiven Zustand versetzen, der sehr intensiv, heftig und schmerzerfüllt ist, was durchaus zu einer Form von Halluzinationen führen kann«, erläuterte Sarah. »Meistens haben sie etwas mit dem geliebten Menschen zu tun, den man verloren hat, und lässt mit der Zeit nach. Das wird aber als Teil der normalen Trauerbewältigung angesehen. Allerdings, und das mag meine eigene kognitive Verzerrung sein, da ich an ein Leben nach dem Tod glaube, denke ich auch, es sei möglich, mit der Essenz eines verstorbenen Menschen in Kontakt zu treten. Ich vermute, es gibt ein Zeitfenster, in dem dieser Mensch noch mit dir kommunizieren kann. Daher betrachte ich die Erfahrungen von trauernden Patienten nie als einen rein halluzinatorischen Effekt ... Ich möchte nicht den Eindruck erwecken, alle paranormalen Phänomene könnten mit einer psychischen Diagnose abgetan werden. Ich habe keinen Zweifel an ihrer Existenz. Aber ich denke auch, 99 Prozent der angeblich paranormalen Erscheinungen können auf viel einfachere Erklärungen zurückgeführt werden.«

Genau wie ich glaubt Sarah, das Herausfiltern von ganz normalen Begebenheiten mache die Suche nach dem einen Prozent, das wirklich jenseits des Schleiers liegt, umso lohnender.

Selbst wenn kein gesundheitlicher Faktor im Spiel war, gab es Fälle, in denen die Hausbesitzer die Ergebnisse, die Adam und ich nach unserer Untersuchung für sie erarbeitet hatten, nicht hören wollten. Wie ich bereits sagte, habe ich in einem Großteil der Fälle den Eindruck, als ob die Betreffenden schon eine Erklärung parat hätten. Es war definitiv ein paarmal so, dass die Hausbesitzer meinten, nicht das Ergebnis zu erhalten, das sie eigentlich erwartet hatten.

Das passiert meistens dann, wenn die Resultate der Untersuchung nicht so spektakulär sind, wie sie es sich wünschen.

Niemand ruft einen Geisterjäger an und rechnet damit, dass es ein Problem mit den Wasserleitungen gibt. Wenn du um eine paranormale Untersuchung bittest, dann nur, weil du wirklich glaubst, in deinem Umfeld könnte etwas passieren. Ich verstehe, wie enttäuschend es sein muss, wenn sich herausstellt, dass dies nicht der Fall ist. Aber ich habe mein ganzes Leben um die Erforschung der Geister herum aufgebaut, weil ich fest an sie glaube. Wenn ich also dasitze und dir sage, ich konnte keinen Geist in deinem Haus finden, dann gibt es wahrscheinlich auch keinen Geist in deinem Haus.

Das wollen die Leute aber nicht hören. Sie reagieren entrüstet oder wütend, weil sie genau die Erklärung hören wollen, die sie erwarten, und nehmen weder die Beweise noch unsere Ergebnisse ernst. Das ist ein typischer »Bestätigungsfehler« und eines der größten Probleme, mit denen wir Paraforscher bei unserer Arbeit konfrontiert sind. Die Leute wollen so dringend einen Geist als Erklärung für ihre beobachteten Phänomene haben, dass sie etwas erfinden, was gar nicht vorhanden ist. Auch wenn objektiv betrachtet klar zu erkennen ist, dass es keine Beweise für paranormale Aktivitäten gibt, erzählen manche die tollsten Geschichten, um dir zu beweisen, wie falsch du liegst, weil sie sich verzweifelt einen Geist herbeiwünschen. Ich habe schon erlebt, dass Leute versuchten, mich zu diskreditieren, weil ich keinen Geist gefunden habe oder weil sie glaubten, der Schatten auf ihrem Foto sei ein Geist und nicht, sagen wir, eine Statue im Garten. Man könnte ihnen tausend rationale Erklärungen liefern, aber sie werden sich weiter an die Geistergeschichte klammern, auch wenn sie uns Paraforscher damit in ein schlechtes Licht rücken. Natürlich wollen wir Geister finden. Aber wir wären nicht glaubwürdig, wenn wir unsere Arbeit nicht äußerst kritisch überprüften.

An diesem Punkt half uns die Skepsis von Kris Williams unglaublich. Sie hielt immer nach Bestätigungsfehlern Ausschau und achtete penibel darauf, dass es für unsere Beobachtungen keine andere Erklärung als etwas Übernatürliches gab. Während meiner Zeit bei *Ghost Hunters* bemerkte ich eine Veränderung in der Sichtweise des Publikums. Anfangs fragten uns die Leute noch, ob wir alle anderen Möglichkeiten ausgeschlossen und auch die Fenster, die Türen und den Luftstrom im Raum überprüft hätten. Zu dem Zeitpunkt, als ich die Sendung verließ, wollten die Leute solche Erklärungen nicht mehr hören. Wenn ich sagte, eine Tür sei durch den Luftzug ins Schloss gefallen, meinten sie, es müsse auf jeden Fall ein Dämon oder ein Geist gewesen sein und es gäbe daran gar keinen Zweifel. Sie warfen mir vor, ich hätte keine Ahnung. Dabei waren sie selbst nur dadurch qualifiziert, dass sie zu Hause vor dem Fernseher saßen und mich beobachteten, während ich meine Untersuchungen durchführte.

Unter bestimmten Umständen können wir theoretisch sogar selbst Geister erschaffen. Im Jahr 1972 führte eine Gruppe von Paraforschern in Kanada das berühmte *Philip-Experiment* durch, bei dem sie ihren eigenen Geist namens Philip Aylesford »erfanden«. Sie konzipierten einen historischen Zeitraum und eine Biografie für den Geist und erzeugten ihn sozusagen mittels ihrer Fantasie und ihrer Intention. »Sie zeichneten Bilder von ihm, und dann versuchten sie, ihn zu kontaktieren«, erklärte John Tenney. »Im Laufe mehrerer Monate kamen sie in Kontakt mit der Person, die sie erschaffen hatten, und kommunizierten mit ihr.« Sie hatten die Idee zu dieser Person entwickelt, und dann setzten Aktivitäten ein, die genau das nachahmten, wie sie sich diesen Geist vorstellten.[4]

Es mag wie eine verrückte Idee erscheinen, einen Geist erfinden zu können, aber es ist ganz sicher möglich. In Studien wie dem Philip-Experiment geschah das bewusst, aber es gibt auch Fälle, die ich untersuchte, wo das ganz und gar nicht beabsichtigt war. Ein Forscher namens T. C. Lethbridge vertrat die Theorie, dass der psychische Schock einer Person, die an einem Ort etwas Traumatisches erlebt oder mit angesehen hat, als Gefühl in einem Raum erhalten bleibt. »Wenn eine andere Person den Raum betritt, erlebt sie dieses Gefühl der Panik oder des Schreckens und verstärkt es noch«, sagte John. »Über Jahre hinweg beginnt diese konzentrierte Energie, eine Identität zu entwickeln. Wenn Leute hineingehen und versuchen, dem Ding einen Namen zu geben oder mit ihm zu sprechen, als wäre es eine Person, nimmt es an dem Ort die Identität an, die man ihm vorgibt. Es existiert also kein echter Geist, aber der Ort wird von den Leuten heimgesucht, die ihn nach einem Geist untersuchen«, fügte er hinzu.

Dieses »Ding« nennt man »Elemental«. Ich habe mal eins auf der *Queen Mary* getroffen, dem ehemaligen Kreuzfahrtschiff, das heute ein Hotel in Long Beach, Kalifornien, ist. Das Schiff, auch »The Grey Ghost« genannt, wurde 1934 vom Stapel gelassen und diente bis 1967 als Passagierschiff auf dem Atlantik. Es hat eine lange und sehr gruselige Geschichte. Während des Zweiten Weltkriegs wurde es als Transportschiff für Soldaten eingesetzt. Im Jahr 1942, als die *Queen Mary* fünfzehntausend US-Soldaten von New York nach Schottland brachte, kollidierte sie vor der irischen Küste mit dem Begleitschiff, der *HMS Curaçao*. Dabei wurde der kleinere Kreuzer mittschiffs durchschnitten, und über dreihundert Besatzungsmitglieder ertranken.

Es gibt noch viele andere grausame Todesfälle in der Geschichte des Ozeandampfers – mindestens neunundvierzig, um genau zu sein –, und viele davon sind nur schwer zu belegen. Es gibt Berichte über ein Mädchen, das im Swimmingpool des Schiffes ertrank, und über einen Arbeiter im Kesselraum, der zerteilt wurde, als er zwischen eine schwere Tür geriet, die gerade zufiel. Eine besonders schreckliche Geschichte handelt von einem Mann, der an Bord verhaftet und von den Behörden allein in einer Kabine eingesperrt wurde, nur um dann später völlig zerfleischt aufgefunden zu werden.

So wird es dich wahrscheinlich nicht überraschen, dass auf dem Schiff, das dauerhaft als schwimmendes Hotel und Museum im Hafen von Long Beach angedockt ist, eine Menge Geister durch die Gänge streifen. Ich habe schon viele von ihnen gesehen. Als ich das letzte Mal dort übernachtete, ging die Lampe in meinem Zimmer immer wieder an und aus, und zwar auf eine sehr gezielte Weise.

Aber seltsamerweise gibt es etwas Übernatürliches auf dem Schiff, das kein Geist ist. Nachdem es als Ozeandampfer ausgemustert wurde, erwarb es der Disney-Konzern, um einen Themenpark auf dem Meer einzurichten. Die Entwickler nutzten die Kabine B 340 als Prototyp für einen Raum, der wie im *Haunted Mansion* sein sollte. Sie verkabelten den Raum, sodass die Dielen knarrten, obwohl niemand darüberlief, die Wasserhähne von allein an- und ausgingen und unheimliche Gesichter im Spiegel erschienen.

Wenn du wüsstest, wie sehr ich Disney mag, kannst du dir vorstellen, wie sehr ich mir wünsche, dass das Projekt realisiert worden wäre. Aber der Plan erwies sich als unrentabel und wurde eingestellt. Der Raum enthielt jedoch immer noch Disneys geistiges Eigentum, weshalb er viele Jahre lang zugesperrt war. Da der geheimnisvolle Raum immer verschlossen war und man die Geschichte des Schiffes und seinen legendären Ruf wegen der unerklärlichen Phänomene kannte, galt Kabine B 340 bald als Geisterraum. Die Leute suchten nach Geistern an Bord, und sie gingen immer zu besagter Kabine. Ständig suchte man dort nach Geistwesen, schrieb dem Raum negative Energie zu, und irgendwann nahmen Dinge in dem Raum Gestalt an.

Das letzte Mal, als wir einen Strange-Escapes-Event auf der *Queen Mary* veranstalteten, führten Greg und Dana Newkirk und John Tenney Untersuchungen in der Kabine durch. Kleine Gruppen untersuchten die ganze Nacht lang den Raum, stellten Fragen in der Dunkelheit und hofften auf Antworten. Greg und Dana brachten einige ihrer Spukobjekte aus dem Traveling Museum of the Paranormal and Occult mit, und Dana verwendete Tarotkarten während ihrer Untersuchungen, um die Energie im Raum zu deuten und eine Befragung durchzuführen. Sie erhielten zwar Antworten, die jedoch in keiner Weise schlüssig waren. Aber Frustration und Wut konnten sie heraushören. Die Frage nach dem Namen wurde nicht beantwortet. Das war eine der wenigen Fragen, auf die überhaupt keine Antwort kam.

»Warum willst du uns deinen Namen nicht verraten?«, fragte Greg. »Wenn du noch keinen Namen hast, wäre jetzt vielleicht ein guter Zeitpunkt, dir einen zu geben.«

Hass, war die einzige Antwort.

Sie begriffen, dass sie es höchstwahrscheinlich mit einem Elemental zu tun hatten, das sich aus all der Negativität gebildet hatte, die man dem Raum zuschrieb. Es nannte seinen Namen nicht, weil es vermutlich gar keinen hatte. Und anscheinend verspürte es auch keine Lust, sich einen auszusuchen. An einem derart für seine Spukereignisse berüchtigten Ort ist man sich stets der Wahrscheinlichkeit bewusst, dass hier etwas passieren könnte. Das Hotel hat die Zahl der Geistertouren und gruseligen Erlebnisse, die dort angeboten werden, erhöht und sich die Spukgeschichte der Kabine B 340 zunutze gemacht, indem gruselige Bilder im Zimmer aufgehängt und die Wände mit Geistergeschichten und Sichtungen auf dem Schiff versehen wurden. Auf dem Tisch liegen ein Ouija-Brett und eine Kristallkugel. Natürlich sind die Leute nervös, wenn sie diesen Raum betreten. Sie sind aufgeregt, sie warten darauf, dass etwas passiert, sie stellen sich all die bösen Sachen vor, die geschehen könnten, und diese Erwartungen scheinen eine Spur zu hinterlassen. Diese Energie baut sich zu einer Gedankenform auf, die jene Handlungen ausführt, welche die Menschen in diesem Raum erwarten.

Das Elemental der *Queen Mary* war relativ harmlos. Soweit ich weiß, hat es nichts angerichtet und tat nichts, außer gelegentlich im Raum aufzutauchen. In einer Folge der dritten Staffel von *Ruhelose Seelen* fanden wir jedoch ein Exemplar, das viel stärker und viel gefährlicher war.

Adam und ich waren schon viele Male im Weingut Inn at Belvoir in Liberty, Missouri, gewesen, bevor wir dort eine Folge von *Ruhelose Seelen* drehten. Das hundertsiebzig Hektar große Anwesen war früher der Standort eines Hauses des Odd-Fellows-Ordens und ist ein bekannter paranormaler Hotspot. Ich veranstaltete dort viele Strange-Escapes-Events. Die Besitzer erlebten mit der Zeit einen signifikanten Anstieg der Aktivitäten, die einen deutlich negativeren Charakter anzunehmen schienen, sodass sie uns baten, wiederzukommen und zu beobachten, was dort passierte.

Die Anlage besteht aus vier verfallenen Hauptgebäuden: dem Waisenhaus, das zum Weingut und Gasthaus umgebaut wurde, sowie einem Krankenhaus, einem Pflegeheim und einem Altersheim. Angehende Geisterjäger gehen dorthin, um zu forschen, aber auch Leute, die nach Spuren von Familienmitgliedern suchen. Solange die Einrichtung bestand, sollen dort geschätzt etwa zwanzigtausend Menschen gestorben sein. Die Besitzer, Jesse und Melissa, berichteten, sie spürten eine neue dunkle Präsenz, besonders im Altenheim und in der Leichenhalle unter dem Pflegeheim. Wo früher nur Stimmen und Schritte zu hören waren, kam es jetzt häufig zu physischem Kontakt: Frauen wurden geschubst, etwas zog an ihren Haaren, außerdem flogen Gegenstände durch die Luft.

Es dauerte nicht lange, bis wir seltsame Vorkommnisse feststellten. Bevor wir überhaupt mit unserer Untersuchung begannen, legte ich neue Batterien in meinen Videorekorder ein, doch als ich ihn einschaltete, ging er sofort wieder aus. »Willst du nicht, dass wir dich filmen?«, fragte Adam. Dann sah ich etwas am Ende des Ganges. Es sah aus wie eine Schattengestalt. Ich hatte eine Gänsehaut. Jedes Haar an meinem Körper stellte sich in diesem Moment auf.

Also ging ich natürlich direkt darauf zu. »Denkst du manchmal auch darüber nach, wie verrückt wir sind?«, fragte ich Adam. »Da hinten ist ein großer Schattenmann. Lass mich da rübergehen und meinen Rekorder neben ihm abstellen.«

Wir machten uns auf den Weg durch das Altersheim und in das angeschlossene Pflegeheim. Doch kaum waren wir dort angekommen, hörte ich in der Ferne eine Kinderstimme. Adam und ich hatten beide den Eindruck, dass ein Geist versuchte, uns zu helfen, indem er uns aus einem Bereich herausführte, in dem schlimme Dinge geschahen. Was zum Teufel war da drin, von dem sie uns fernhalten wollten?

»Ich verstehe, dass ihr uns helfen wollt«, sagte Adam, »aber wir haben keine andere Wahl.«

Im Pflegeheim sah ich etwas Dunkles über die Decke kriechen. Ich wusste sofort, dass es kein Mensch war. Ein

Mensch bewegt sich nicht so. Wir hatten beide das Gefühl, dass es uns auf jeden Fall erschrecken wollte, was auch immer es war.

Und das fand alles in der ersten Nacht statt.

Am nächsten Tag stießen Chip Coffey und John Tenney zu uns, um bei den Nachforschungen zu helfen. Wir hätten wochenlang die Unterlagen des Heims durchgehen können, aber John entdeckte sehr schnell eine Sache, die ihm seltsam vorkam: Es hatte einen gewalttätigen Mann im Heim gegeben. Er bedrohte eine Krankenschwester mit dem Messer, bevor er sich das Leben nahm. Seltsamerweise konnten wir seinen richtigen Namen nicht herausfinden. In den Krankenhausunterlagen, in den Zeitungsberichten über den Vorfall und auf seinem Grabstein war der Name des Mannes in sechs verschiedenen Schreibweisen zu finden.

In dieser Nacht untersuchten wir wieder das Altersheim. Dort nahmen wir eine Tonbandstimme in Zimmer 19 auf, aber wir hatten erst Schwierigkeiten, das Zimmer zu finden, weil die Nummern an den Türen fehlten. Als wir an einem Zimmer mit einer Neun an der Tür vorbeigingen, fühlte ich, wie etwas meinen Rücken berührte, nicht auf eine beängstigende Art und Weise, sondern als ob es mir sagte, ich solle dort anhalten. Wir begannen eine EVP-Sitzung.

»Wir suchen nach einem Mann, der sich das Leben genommen hat«, sagte ich. »Frederick oder Fred?«

Fred, hörten wir.

»Uns liegen mehrere Nachnamen vor«, sagte ich. John zählte sie der Reihe nach auf.

Lietze.

Fred Lietze war seit Jahrzehnten tot, und im Augenblick seines Todes war sein Name mit ihm gestorben. Diesem Mann seinen Namen wiederzugeben war ein unglaublicher

Moment für mich. Es fühlte sich auf keinen Fall so an, als ob er eine Bedrohung darstellte. Also gingen wir zurück ins Pflegeheim.

»Du machst mich ganz kirre«, sagte Chip, als wir hereinkamen. »Du wolltest uns hier drin haben, und jetzt sind wir hier.« Er nahm sofort etwas Dunkles wahr. Und in diesem Moment hörten wir alle diese Kinderstimme, die Adam und ich schon in der Nacht zuvor wahrgenommen hatten und die uns von hier weglotsen wollte.

»An dieser Stelle ist etwas, einfach aus dem Grund, weil sich hier noch unschuldige Seelen aufhalten«, sagte Chip. Damit meinte er eine dunkle Anhaftung, die wegen der paranormalen Aktivitäten der Geister und all der Menschen, die nach ihnen suchten, in diesen Bereich gelangt war. »Es ist hinter den Kindern her.«

Die dunkelste Aktivität und die heftigsten körperlichen Angriffe waren in der Leichenhalle passiert. Wir gingen die Treppe hinunter.

Als wir die Leichenhalle betraten, zog John den Kopf ein, als würde er gegen etwas stoßen, das von der Decke hing, nur war da nichts. Adam zückte die SLS-Kamera. Das Ding, das in der Nacht zuvor über die Decke gekrochen war, befand sich nun direkt über uns. (»Ich sagte noch zu Amy, solange das Ding nicht über die Decke krabbelt, wäre alles in Ordnung«, sagte John später. »Und dann sahen wir, wie es über die Decke kroch.«)

»Du lässt uns im Dunkeln tappen«, sagte ich in einer EVP-Sitzung. »Was willst du uns mitteilen? Wie heißt du?«

Nichts.

»Hast du einen Namen?«, fragte Adam.

Nichts.

»Weißt du, wer Chip ist?«

Ich bin Chip.

»Du könntest uns viel Arbeit ersparen, wenn du jetzt gehst, ganz allein«, sagte Adam.

Etwas griff nach Chips Arm. Die Reaktion im Rekorder war laut und wütend, aber wortlos. Das Wesen wurde richtig unruhig, als wir ihm sagten, es solle verschwinden. Es wollte Informationen über uns sammeln und herausfinden, was wir alles draufhatten. Als wir merkten, dass es das nachahmte, was wir taten, um andere dazu zu bringen, mit ihm zu interagieren, wurde uns klar, dass wir es mit einem Elemental zu tun hatten.

»Das kommt selten vor«, erklärte John. »Es kann aus den Sorgen und Ängsten der Menschen auf diesem Gelände entstanden sein und immer mächtiger werden, wenn es die enormen Energien der Geister an diesem Ort in sich aufnimmt.«

Nachdem der Fall abgeschlossen war, erklärte John, dass das Wesen auf unsere Emotionen reagiert hatte. Je mehr Angst wir hatten, desto dunkler und körperlicher waren die Reaktionen des Elementals gewesen. »Es hörte uns zu und versuchte, genauso zu sein, wie wir es haben wollten«, sagte er. »Unsere Absicht hat das Wesen in diesem Gebäude beeinflusst.« Damit meinte John nicht, dass wir uns gewünscht hätten, schreckliche Dinge zu erleben, sondern eher unsere Überzeugung, dass dort etwas Schreckliches präsent war. Je sicherer wir waren, dass dies stimmte, desto schlimmer wurde das Verhalten der Präsenz. Mit jeder Person, die in diesem Gebäude von ihren Erfahrungen berichtete, würde sie nur noch stärker werden. Die Nächsten, die dort hineingehen, werden deshalb vermutlich noch weitaus gruseligere Begegnungen haben, da ihre Erwartungen, etwas Unheimliches vorzufinden, bereits auf den gesteigerten Ängsten anderer aufbauen.

Dies war eines der negativsten Spukerlebnisse, die ich je erlebt hatte, entstanden durch die Ängste der vielen Menschen, die in diesem Raum Unheimliches erfahren und durch ihre Furcht zu der wachsenden unerwünschten Energie beigetragen hatten. Je stärker das Wesen wurde, desto mehr konnte es die Energie anderer Geister aufnehmen wie die der Kinder im Waisenhaus. Das hatte Chip gemeint, als er sagte, dass das Wesen hinter den Kindern her sei.

Unsere einzige Chance, diese Gestalt loszuwerden, bestand darin, sie mit ihrem genauen Gegenteil anzugreifen: mit positiver Energie. Am nächsten Tag erfassten wir die Leute, die eine glückliche Erinnerung an Belvoir hatten. Wir holten sie sämtlich zusammen und baten sie, das Pflegeheim mit all ihren positiven Gedanken zu füllen. »Ich möchte, dass ihr an euer positivstes, glücklichstes Erlebnis in diesem Gebäude denkt«, sagte ich. »Stellt euch dieses Licht in euch selbst vor. Erfüllt dieses Gebäude mit diesen positiven Erinnerungen.«

»Sprecht mir nach: ›Du bist nicht willkommen. Du bist verbannt‹«, sagte Adam. Alle wiederholten es.

Während wir unsere positive Absicht aufbauten und sie in das Gebäude strömen ließen, konnte ich spüren, wie sie wirkte. Der Raum fühlte sich immer heller an. Aber nun liegt es an den Menschen, die positive Energie dort zu bewahren und das Elemental fernzuhalten.

Manchmal ist es ein Geistertier

Für eine Folge von *Ghost Hunters* waren wir in Jefferson City, Missouri, im Missouri-State-Zuchthaus. Es wurde im Jahr 1836 eröffnet und war hundertachtundsechzig

Jahre lang ein Gefängnis, bevor es 2004 geschlossen wurde. *Time* nannte es einmal »die blutigsten 19 Hektar in Amerika« wegen seiner langen Geschichte gewalttätiger Unruhen und durchgeführter Hinrichtungen.

Adam und ich arbeiteten gemeinsam, als wir ein Geräusch aus einem anderen Raum hörten. Die Kameras liefen allerdings nicht, und da wir von Geistern nicht verlangen können, nur dann aufzutauchen, wenn wir filmen, gingen wir der Sache nach.

Das Gefängnis hat einen unterirdischen Kerker. Dies mag dir eine Vorstellung davon zu vermitteln, was für ein schauderhafter Ort das gewesen sein muss. Natürlich gingen wir den dunklen Gang entlang, um das Geräusch zu untersuchen.

Es wurde immer lauter, je näher wir kamen, völlig auf uns gestellt. Es war kein Kameramann bei uns und auch niemand, der hätte sagen können, ob etwas wirklich Schreckliches passiert ist.

Wir kamen näher.

Und näher.

Und in diesem Moment sprang ein riesiger Waschbär aus einer Mülltonne und stürzte sich direkt auf uns.

Wir sind noch nie in unserem Leben so schnell gerannt. Wir sprangen praktisch eine ganze Treppe hinunter. Es war der Wahnsinn.

Ja, es ist also nicht immer ein Geist. Aber es ist definitiv immer gruselig.

Kapitel 7

Unterwegs auf den Spuren
der Geister

Wenn du jemals eine Untersuchung durchgeführt hast, weißt du bereits, dass es keinen »richtigen« oder »falschen« Weg gibt, um nach Beweisen für das Paranormale zu suchen. Es gibt Methoden, die manchmal zuverlässigere Ergebnisse liefern als andere, aber die sind von Person zu Person unterschiedlich. Vielleicht hast du ein Händchen dafür, die richtigen Fragen zu stellen und wirklich starke EVP-Antworten zu bekommen, oder vielleicht bist du ausgezeichnet darin, winzige Auffälligkeiten auf Videos zu bemerken, die andere nicht sehen. Ich habe bestimmte Methoden, die ich lieber anwende als andere, aber die Forscherin in mir liebt es, neue Ansätze kennenzulernen und meine Untersuchungsstrategien im Laufe der Zeit weiterzuentwickeln. Es ist aufregend, andere Paraforscher und Experten mit einzubeziehen, weil sie alle unterschiedlich an eine Untersuchung herangehen. Wenn wir die Köpfe zusammenstecken, kommen wir oft auf ungewöhnliche Strategien, die Adam und ich allein gar nicht umsetzen könnten. Bei einem Fall in der dritten Staffel von *Ruhelose Seelen* trug ein Deck Tarotkarten dazu bei, die Ursache für Aktivitäten in einem Haus ausfindig zu machen.

Sharon bat uns in ihr Haus in Willington, Connecticut, weil sie um das Leben ihrer beiden Kinder fürchtete. Sie hatte bereits unvorstellbar schwere Verluste verkraften müssen: Eines ihrer Kinder war bei der Geburt gestorben, zwei weitere starben als Erwachsene bei Autounfällen. Sharon vermutete eine dunkle Fremdenergie um sich herum, die diese tragischen Ereignisse in ihrer Familie verursachte. »Vielen Menschen geschehen schreckliche Dinge, aber nicht so wie bei mir«, sagte sie. »Wer muss schon drei seiner Kinder begraben?«

Sie sah Orbs im Haus, von denen sie dachte, sie könnten mit ihrer Tochter Miranda in Verbindung stehen, die einige Jahre zuvor gestorben war. Ihr Sohn Brady hörte Stimmen, ihre Tochter Anna vernahm Klopfgeräusche in ihrem Zimmer, und einmal bat sie eine körperlose Stimme um Hilfe.

Anna hatte in ihrem Schlafzimmer ein Tarotdeck, das einst Miranda gehörte, die es Anna zu ihrem achtzehnten Geburtstag geschenkt hatte. An diesem Tag sah sie Miranda das letzte Mal lebend. Anna wollte mit den Karten arbeiten, »aber sobald ich versuchte, sie zu legen, hatte ich Angst«. Im gleichen Gespräch erzählte uns Anna, ihre Schwester und ihre Mutter hätten ein schwieriges Verhältnis zueinander gehabt und nicht mehr miteinander gesprochen, als Miranda ums Leben kam.

Da wir vermuteten, dass Miranda im Haus sein könnte, beschlossen Adam und ich, die Tarotkarten bei der Untersuchung in dieser Nacht als Triggerobjekt zu verwenden. Wenn wir glauben, dass eine Aktivität von einer bestimmten Person ausgeht, verwenden wir manchmal ihre persönlichen Gegenstände, um sie aus der Reserve zu locken und ihr etwas Vertrautes anzubieten, an dem sie sich festhalten kann. In dieser Nacht funktionierte unser Plan. Sobald wir die Tarotkarten an den Annäherungssensor angeschlossen hatten, der anzeigt, wenn eine Entität Kontakt mit einem Objekt aufnimmt, lösten die Sensoren etwas aus.

»Ist das dein Haus?«, fragte ich in einer EVP-Sitzung. »Ich habe das Gefühl, dass es sehr frustrierend ist, dass dich hier niemand sehen und niemand hören kann, aber wir können es mit unseren Geräten versuchen.«

Ich bin genau hier, hörten wir.

Die Stimme kam so laut durch, dass wir erschraken. Die Person war eindeutig wütend, aber wir konnten nicht erkennen, woher die Wut kam. Wenn es Miranda war, dann wäre es nur logisch, dass sie jetzt versuchte, die Situation mit ihrer Familie zu klären. Aber es gelang uns nicht herauszufinden, ob sie es wirklich war, oder was sie vielleicht wollte. Die restliche Nacht verlief ruhig.

Daher zogen wir Dana Newkirk hinzu. Dana, die eine paranormale Ermittlerin und praktizierende Hexe ist, verwendet bei all ihren Ermittlungen ein Tarotdeck. »Bei einer Untersuchung ist das Werkzeug meiner Wahl immer etwas Metaphysisches«, sagte sie. »Ich ziehe eine Karte und frage einfach: Was ist hier los?« Die Karten helfen Dana dabei, einen Einblick in das Geschehen zu bekommen, vor allem in die Energie eines Raumes.

In dieser Nacht zog sie zuerst »Die Mäßigkeit«. »Das ist die Karte für Gleichgewicht und Harmonie«, sagte Dana. »In diesem Haus ist etwas aus dem Gleichgewicht geraten.« Danach zog sie das »Ass der Kelche«, ein Hinweis auf emotionale Unausgeglichenheit. »Das Ass zeigt an, dass in diesem Haus alle Emotionen im Wandel sind, weil es ein Ungleichgewicht gibt«, erklärte sie. »Das emotionale Ungleichgewicht verursacht die Aktivität in diesem Haus.«

Wir starteten eine weitere EVP-Aufnahme. »Kannst du uns deinen Namen sagen?«, fragte ich.

Randa. Anne erklärte, dies sei der Kosename Mirandas gewesen.

»Glaubst du, dass dieses Haus wieder in Ordnung gebracht werden kann?«

Ja.

Wir hatten oben mit Sharon gearbeitet, um die dunkle Fremdenergie zu vertreiben. Aber um Mirandas Geist zu helfen, war es notwendig, sie und ihre Mutter dazu zu bewegen, miteinander zu sprechen. Wir holten Sharon nach unten in Annas Zimmer, wo wir in der Nacht zuvor mit den Tarotkarten gearbeitet hatten. Anna erklärte uns vorher noch, dass sie und ihre Mutter ein ähnlich schwieriges Verhältnis hatten wie Miranda und Sharon, und es gab eine Menge Spannungen zwischen ihnen. Wir vermuteten, dass Miranda im Haus geblieben war, um ihrer Schwester zu helfen.

»Miranda, wir wissen, dass du hier bist«, sagte ich in einer EVP-Sitzung. »Wir haben mit dir gesprochen. Wir haben deine Mutter mitgebracht. Möchtest du, dass wir auf diesem Weg die Situation in Ordnung bringen?«

Ja, antwortete sie.

»Willst du, dass deine Mutter und Anna eine liebevolle Beziehung haben?«

Ja, das will ich.

Wir baten Sharon, eine Botschaft an Miranda zu richten. »Ich liebe sie sehr«, sagte sie. »Sie fehlt mir. Es tut mir so leid, was mit ihr passiert ist. Ich kämpfe jeden Tag um sie. Sie ist mein Mädchen. Sie ist immer noch mein Mädchen.«

»Miranda, ich weiß, dass du hier bist, um uns zu unterstützen«, sagte Adam. »Wir wissen es sehr zu schätzen, dass du uns bei dieser Aufgabe hilfst, denn es ist sehr wichtig. Und wenn du bereit bist, zu gehen, kannst du gehen.«

In diesem Moment hörten wir Schritte über uns. Schwere Schritte, quer durch den Raum, als ob jemand wegginge.

»Miranda?«, fuhr Adam fort. »Bist du noch hier?«

Nichts. Überhaupt keine Antwort. Immer wenn Miranda an diesem Abend mit uns sprach, hatte die K-II aufgeleuchtet. Doch jetzt war alles dunkel, und so blieb es auch.

In diesem Fall war die Verwendung von Danas Tarotdeck als Triggerobjekt der Schlüssel, um den Fall vollständig aufzuklären. Das Gleiche geschah in der vierten Staffel, als wir die Randolph-County-Anstalt in Winchester, Indiana, untersuchten. Wir nahmen dort Kontakt mit Harry »Peg« Dunn auf – erinnerst du dich an den Scherzkeks, der manchmal zum Spaß Leute erschreckte? –, indem wir sein künstliches Bein als Triggerobjekt einsetzten. Selbst im Jenseits hatte er noch eine Bindung an das Ding, das ihm im Leben beim Laufen behilflich gewesen war.

Aber ein Objekt muss nicht unbedingt mit einem bestimmten Geist verbunden sein, um eine Kontaktaufnahme zu fördern. Das gilt besonders für Spukobjekte, die eine überraschend nützliche Rolle bei paranormalen Untersuchungen spielen. Wir hatten schon zahlreiche Fälle, bei denen es um spukende Gegenstände ging, wie zum Beispiel im May-Stringer-Haus in Brooksville, Florida. Dort berichteten die Museumsführer von seltsamen Aktivitäten, die von einer Truhe im Museum ausgingen und die wir in der vierten Staffel von *Ruhelose Seelen* untersuchten. Bei anderen Fällen setzten wir gezielt energetisch hoch aufgeladene Gegenstände als Triggerobjekte ein.

Neben der Produktion von *Hellier* und ihrer Tätigkeit als paranormale Forscher haben sich Dana und Greg Newkirk auf das Sammeln und Erforschen von Spukobjekten spezialisiert. Ihr Traveling Museum of the Paranormal and Occult ist eine riesige Sammlung von Exponaten, die entweder paranormal sind oder eine starke Verbindung zum Übernatürlichen haben. (Bevor du dich fragst: Ja, sie bewahren alles in ihrem Haus auf.)

»Wir haben eine ganz andere Auffassung von Spukobjekten als so ziemlich alle Leute, denen wir bisher begegnet sind«, sagte Greg. »Die meisten denken bei Spukobjekten an gruseliges, antikes Spielzeug wie Annabelle [die angeblich spukende Puppe, deren Geschichte seit 2014 in drei Horrorfilmen verarbeitet wurde] und an diese Dinge, die einem schaden und in die Hölle zerren wollen … Das entspricht überhaupt nicht unserer Erfahrung. Ich glaube, wir haben solche Erfahrungen nicht gemacht, weil das gar nie unsere Absicht war. Unser Motto war immer ›Neugierde vor Angst‹. Wenn du Angst vor etwas hast, wirst du nichts darüber erfahren.«

Greg und Dana haben Exponate zu vielen Veranstaltungen von Strange Escapes gebracht, von New England über Hawaii bis hin zu Kreuzfahrten durch die Karibik. Die Sammlung umfasst zum Beispiel einen dunklen Spiegel, der den Menschen ihre schlimmsten Ängste zeigt, und die Kopie der Holzfigur einer weisen alten Frau, die sehr unruhig war und viel negative Aktivität mit sich brachte, weswegen das Original in den Wald zurückgebracht werden musste, wo es gefunden worden war. Durch ein magisches Ritual, das Dana mit hundert weiteren Hexen aus der ganzen Welt zusammen durchführte, wurde die Figur wieder zur Ruhe gebracht.

Von den Gruselstorys mal abgesehen, haben die Newkirks und ihre Spuksammlung erheblich zu einigen wirklich faszinierenden Untersuchungen beigetragen. Zu einem Event auf Mackinac Island in Michigan brachten sie ein altes Hochzeitskleid aus dem frühen 19. Jahrhundert mit. Ein Mann aus New England hatte es ihnen geschenkt, da er immer wieder eine weiß gekleidete Frau durch sein Haus gehen sah. Er bat Greg und Dana um Hilfe, und sie rieten ihm, genau zu beobachten, wohin die Frau ging, um zu erkennen, was sie wollte. So fand er auf dem Dachboden seines Hauses eine Truhe mit dem Hochzeitskleid. Nachdem er es an das Museum weitergegeben hatte, hörten die Spukerscheinungen auf.

Bisher hatten Greg und Dana keine Aktivitäten rund um das Kleid feststellen können. Doch das änderte sich auf der Insel, als sie das Kleid für eine Untersuchung nach der Estes-Methode verwendeten. Eine deutlich wahrnehmbare weibliche Präsenz im Hotel wurde regelrecht davon angezogen. Sie erzählte, sie sei ein Hotelgast und zusammen mit ihrer Familie hier. Sie war auf das Hochzeitskleid fixiert, weil sie es kaum erwarten konnte, selbst bald zu heiraten.

Und jetzt wird es wirklich eigenartig: Die Begeisterung des Geistes erregte die Aufmerksamkeit der wahren Braut. Angeregt durch den geisterhaften Hotelgast, mit dem Greg und Dana sprachen, begann die Besitzerin des Kleides schließlich zu kommunizieren. So ermöglichte ein Geist das Gespräch zwischen den Newkirks und einem anderen Geist, mit dem bislang kein Kontakt möglich gewesen war.

Dana erklärte, dass Spukobjekte nicht nur für Lebende, sondern auch für die Geister eine gute Möglichkeit darstellen, die Aufmerksamkeit bei einer Untersuchung zu erhöhen. »Ein Objekt, auf das so viel paranormaler Einfluss und so viel Energie gerichtet wurden, eignet sich gut als übersinnliches Triggerobjekt«, sagte Dana. »Es erzeugt Energie und schafft einen Rahmen für die Kommunikation. Es ist fast so, als ob ein Objekt die Geister anzieht, weil sie neugierig sind. Sie wollen wissen, was das für ein Ding ist.«

Wir verwendeten solche Gegenstände bei zahlreichen Untersuchungen. Sie sind besonders dann nützlich, wenn wir Orte noch einmal aufsuchen, die wir bereits untersucht haben, etwa die *Queen Mary*. Die Spukobjekte besitzen eine besondere Energie und ziehen deshalb andere Energien an als beim ersten Besuch.

Auf früheren Untersuchungen aufzubauen und die Freiheit zu haben, mit neuen Techniken zu experimentieren, liebe ich besonders an Langzeituntersuchungen. Es kommt selten vor, dass man einen Ort über mehrere Jahre hinweg erforschen kann, aber manchmal passiert es doch. Mein Favorit unter all diesen Orten ist das Mount-Washington-Hotel in Bretton Woods, New Hampshire.

Bei allen Aufenthalten erfahre ich mehr über die Geister, die im Hotel wohnen. Strange Escapes veranstaltet in dieser Location jeden Herbst einen Event, aber ich mache dort auch mehrmals im Jahr Kurzurlaub. Es ist wirklich wie mein persönliches Haunted Mansion, nur ohne Walt Disneys Gesicht auf einer Statue, die etwas über »grim grinning ghosts« singt. Nun, die Geister sind auf jeden Fall da, und sie unterhalten sich. Aber ob Walt selbst da ist? Wohl eher nicht.

Mir wurden mittlerweile Dutzende von Geistergeschichten über den Ort zugetragen: vom Personal, von anderen Gästen, von den »Weirdos«, die zu unseren Geisterveranstaltungen kommen, und von meinen Freunden. Ganz unbewusst erstellte ich eine mehrjährige Fallstudie über das Hotel nur auf Basis meiner eigenen Beobachtungen und der Informationen, die ich bei meinen Aufenthalten dort sammelte. Dabei fand ich heraus, dass an diesem Ort etwas wirklich Seltsames vor sich geht, vor allem im Hinblick auf die Art der Geister, die er anzieht.

Das erste Mal besuchte ich das Mount-Washington-Hotel mit Britt Griffith anlässlich eines Events, das ich mit ihr zusammen leitete, bevor ich Strange Escapes gründete. Mitten in der Nacht gingen wir durch das Gebäude, weil wir uns einen Überblick über die Räumlichkeiten verschaffen wollten. Der letzte Raum war der Ballsaal, und als wir ihn verließen, sagte ich: »Na, hoffentlich spukt es hier.« In diesem Augenblick hörten wir beide ein lautes Lachen. Es stammte eindeutig von einer Frau, die sich mit uns zusammen im Ballsaal aufhielt. Das einzig Merkwürdige: Es war 3.00 Uhr nachts, und wir waren völlig allein. Das geschah innerhalb der ersten Stunde meines Aufenthalts. Ich kriege heute noch Gänsehaut, wenn ich daran denke. Damals war es mir nicht klar, aber das war der Anfang von so etwas wie einer Freundschaft mit dem Hotel. Ich glaube, dass ich durch meine zahlreichen Aufenthalte und die vielen Erlebnisse, die ich seither dort hatte, eine Verbindung zu diesem Ort aufbauen konnte.

Prinzessin Carolyn, die Gattin von Joseph Stickney (dem Mann, der das Hotel gebaut hat und dessen Porträt in der Lobby hängt beziehungsweise nicht da hängt), ist mit Sicherheit nicht der einzige Geist im Mount-Washington-Hotel. Sie ist ständig präsent, weil im Speisesaal immer ein Tisch für sie gedeckt ist und Porträts von ihr an den Wänden hängen. Auf einem dieser Bilder steht sie auf einem geheimen Balkon, von dem aus sie die Frauen beim Betreten des Speisesaals beobachtete und ihre Kleidung begutachtete, damit sie sich etwas noch Schöneres anziehen konnte, um beim Abendessen die bestangezogene Erscheinung zu sein. Aber ihr Geist ist nicht immer da oder zumindest steht sie nicht die ganze Zeit zum Plaudern zur Verfügung.

Neben den Gesprächen mit der Prinzessin hatte ich auch Kontakt mit einem mürrischen Mann im Princess Room, der überhaupt keine Lust hatte, mit uns zu kommunizieren. In meinem Zimmer gingen immer wieder Lichter an und aus, weil der Schalter stets aufs Neue nach oben kippte, nachdem ich ihn nach unten gedrückt hatte. Ich hörte mitten in der Nacht lautes, unheimliches Klopfen an der Tür, obwohl auf dem Flur niemand zu sehen war.

Einmal leitete Adam eine Untersuchung in einer der alten Turmsuiten, die wir heute nicht mehr betreten dürfen, weil sie zu baufällig sind. Er informierte die Gruppe über unsere Sicherheitsvorkehrungen, und während er sprach, bemerkte er eine Frau, die ihn anstarrte. Sie hatte schwarze Haare, trug ein rotes Sweatshirt und eine graue Jogginghose und hielt eine Colaflasche in der Hand. Er sagte: »Kann ich dir helfen? Du kannst ja schon mal anfangen.«

»Nein«, sagte sie. »Ich möchte bei dir bleiben.«

»Okay«, meinte Adam. »Du kennst ja die Regeln, oder?«

»Nein«, antwortete sie.

Adam erklärte ihr, wo sie sich sicher bewegen könnte. »Aber geh nicht in diesem Raum«, sagte er und versuchte, die seltsame Situation etwas zu entspannen. »Du könntest stolpern, aus dem Dachfenster stürzen und sterben.«

Sie sah ihn an. »Das wäre schon okay«, meinte sie.

In diesem Moment bemerkte Adam, dass die Flasche, die sie in der Hand hielt, schmutzig war. »Warte eine Sekunde«, sagte er und drehte sich kurz zu ein paar Leuten um, die in einem anderen Raum arbeiteten. Dabei bemerkte er, dass die Frau nicht das Schlüsselband um den Hals trug, das wir allen Teilnehmern gegeben hatten. Sie war wohl einfach so in die Veranstaltung geplatzt. »Hey, kann ich mal sehen …«, sagte Adam, als er sich wieder zu ihr drehte.

Sie war weg. Sie hätte auf keinen Fall Zeit gehabt, um durch die Tür zu verschwinden, und sie hätte es auch nicht lautlos tun können, selbst wenn sie sich hinausgeschlichen hätte. Die Geräusche der Tür und des Bodens waren dafür viel zu laut. Vermutlich war sie es, nach der wir die ganze Zeit gesucht hatten.

Auch diese Erinnerung jagt mir einen Schauder über den Rücken, aber die gruseligste Begegnung im Mount-Washington-Hotel hatten Freunde von mir. Kiel und Sarah Patrick, Inhaber des Bekleidungsunternehmens Kiel James Patrick, besuchen das Hotel schon seit Jahren. Die beiden haben sogar schon mehrmals den Princess Room gemietet, um Silvester zu feiern. Am Silvesterabend des Jahres 2016 begaben sie sich erst zum Fest in den Ballsaal und trafen sich dann mit Freunden im Princess Room zu einer weiteren Party. (Ich sollte erwähnen, dass sie den Raum nicht wegen der Geister ausgesucht hatten. Damals hatten sie Geister überhaupt noch nicht auf dem Schirm. Der Raum verfügt aber über einen großen, einladenden Bereich, der sich wirklich sehr gut für Gruppen eignet.)

In dieser Nacht stieß ein älterer Mann namens Steve zu ihrer Gruppe. Er redete ständig davon, wie »bekifft« er sei, und wollte »mit den Mädels quatschen«. Er war nicht willkommen, aber er weigerte sich zu gehen und wurde schließlich von einem der Freunde hinausbegleitet. Steve schlich sich ein zweites Mal hinein, als jemand die Tür öffnete, um zu gehen, und Kiel rief schließlich den Sicherheitsdienst, um ihn loszuwerden. Er ging von allein, und der Sicherheitsdienst konnte danach keinerlei Spur mehr von ihm finden.

Seltsam, aber okay.

Etwa drei Jahre später kamen Kiel und Sarah wieder nach New Hampshire, diesmal zu Strange Escapes. Während die Untersuchungen stattfanden, lagen sie bereits im Bett. Plötzlich ging ihr Licht aus, und die Badezimmertür schlug zu. Zur gleichen Zeit schrieb ich ihnen eine SMS und fragte, ob sie wach seien. Alle EVP, die im Princess Room durchkamen, stammten von einem Typen namens Steve, der nach Kiel fragte und sagte, dass er *so bekifft sei und mit den Mädels quatschen* wolle.

Die Teilnehmer unseres Events kannten Kiel und Sarah nicht. Es war ausgeschlossen, dass irgendjemand im Princess Room etwas von der damaligen Geschichte gehört hatte. Der ungebetene Partygast war also ein Geist gewesen.

Abgesehen davon, dass dieses Erlebnis äußerst gruselig ist, gibt es eine weitere interessante Sache, die ich beobachtete: Die Geister erinnern sich an dich. Wenn ich zurückkehre, habe ich das Gefühl, dass sie immer wissen, wer ich bin, und wir dort weitermachen, wo wir aufgehört haben. Viele Male zeichnete ich im Princess Room und in anderen Räumen EVP auf, auf denen *Hi Amy* zu hören ist. Andere Leute haben ganz Ähnliches berichtet. Eine unserer »Escapees«, wie ich sie gern nenne, schwört, dass es eine Präsenz in den Toiletten der Lobby gibt, die sich bei jedem Besuch an sie erinnert. Und Greg Newkirk, der einen EVP-Versuch durchführte, bei dem er immer wieder »Klopf, klopf« sagte, um eine Antwort zu erhalten, erwischte einmal einen Geist, der so genervt davon war, dass er in der klarsten Antwort des Abends sagte: *O nein, nicht schon wieder dieser Gag!*

John Tenney stellte die Theorie auf, dass es neben diesen Geistern, die uns zu erkennen scheinen, wenn wir zurückkehren, auch Geister geben könnte, die das Hotel zur Entspannung nutzen, so wie wir. »Weil es ein Erholungsort ist, wird er auch von den Geistern zur Erholung aufgesucht«, sagte er. Das würde erklären, warum so viele der Geister, denen wir begegnen, nur vorübergehend da sind und wir sie später nicht mehr antreffen. So ist das eben in Hotels. »Wenn du zu bestimmten Terminen kommst, triffst du diese Personen wieder, weil sie immer zu dieser Zeit das Hotel aufsuchen, genau wie zu Lebzeiten«, erklärte er. »Sie halten sich an ihren Urlaubsplan. Sie haben das ihr ganzes Leben so gemacht und auch nach ihrem Tod nicht damit aufgehört. Sie werden immer wieder vorbeikommen.«

Er beobachtet die meiste Aktivität im Hotel spät in der Nacht, etwa dass jemand vor ihm in einem Gang um die Ecke biegt und dann verschwindet. »Wenn man die Möglichkeit hat, überallhin zu gelangen, weil man nicht mehr an eine physische Gestalt gebunden ist, warum sollte man dann nicht an die Orte gehen, die man sehr mochte, als man noch lebte?«, meinte John. Ich glaube, das ist der Grund, warum Prinzessin Carolyn nicht oft mit Leuten sprechen will, die versuchen, mit ihr Kontakt aufzunehmen. Denk mal darüber nach: Wenn dich im Urlaub alle fünf Minuten jemand störte, um dir die immer gleichen drei Fragen zu stellen, dann hättest du auch irgendwann die Nase gestrichen voll.

Dana Newkirk glaubt, die Menschen, die das Hotel besuchen, hätten etwas mit der Art der Geister zu tun, die sich hier ebenfalls aufhalten. »Ich halte es für gut möglich, dass die Leute gezielt herkommen, weil sie wissen, dass es hier spukt, und sie möchten mit dem, was hier ist, kommunizieren. Mit ihrer Intention tragen sie dazu bei, die Frequenz zu verändern«, sagte sie. »Man kann nicht herkommen und *nicht* überlegen, ob es im Hotel spukt. Selbst wenn man noch nie etwas darüber gehört hat, ist es unmöglich, hier vorzufahren und es nicht zu vermuten.«

Damit liegt sie nicht falsch. Das strahlend weiße Hotel mit seinem leuchtend roten Dach macht einen spektakulären ersten Eindruck. Es liegt zurückversetzt von der Straße, hat eine lange, gewundene Auffahrt bis zum Eingang und hebt sich deutlich vom Mount Washington ab, der sich dahinter erhebt – dem höchsten Gipfel der Ostküste, der sogar im Sommer fast immer mit Schnee bedeckt ist. Der Ort hat etwas Verführerisches und Fesselndes zugleich. Das imposante Gebäude zieht jeden in seinen Bann. Ich frage mich, ob schon mal jemand an dem Hotel vorbeigefahren ist, der nicht unbedingt wissen wollte, wie es wohl in seinem Inneren aussieht.

Was mich wundert, sind die lebhaften paranormalen Begegnungen mit Geistern aus einer bestimmten Zeit. Es gibt viele Geschichten wie die von Adam und Kiel und Sarah, in denen Menschen speziell aus den 1970er- und 1980er-Jahren auftauchen. (Zumindest scheinen sie aus dieser Zeit zu stammen, wenn man nach ihrer Kleidung und ihrem Verhalten geht.) Ich glaube, dass es eine seltsame Dimensionsverschiebung im Hotel gibt, die unsere heutige Gegenwart mit diesem Jahrzehnt verbindet. Es fühlt sich fast wie in *Shining* an, dass an ein und demselben Ort eine andere Zeit parallel zu unserer Realität stattfindet. Was ist das Besondere an dieser Ära? Ist damals etwas geschehen, über das wir nichts wissen? Ich hoffe, irgendwann die Antwort zu erhalten, aber bisher habe ich noch keine Ahnung.

Es mag seltsam erscheinen, dass die Geister, die ich beobachtete, größtenteils nicht aus der Blütezeit des Mount-Washington-Hotels als Grandhotel im frühen 20. Jahrhundert stammen. Aber so ist das nun mal mit Orten, die einen starken Bezug zu bestimmten Zeiträumen oder historischen Ereignissen haben. Manche Paraforscher neigen dazu, sich nur auf eine Zeitspanne zu konzentrieren. Ihre vorgefasste Meinung, mit welcher Zeit eine Aktivität verbunden sein könnte, schließt oft Jahrzehnte (oder manchmal sogar Jahrhunderte) der Geschichte aus, die mit einem Ort außerhalb eines einschneidenden, markanten Ereignisses einhergeht.

Als Adam und ich in der dritten Staffel von *Ruhelose Seelen* Farnsworth House in Gettysburg, Pennsylvania, untersuchten, hatte die Auflösung des Falls überhaupt nichts mit dem Amerikanischen Bürgerkrieg zu tun, obwohl wir einen Ort untersuchten, der zu dieser Zeit von großer historischer Bedeutung war. (Spoiler-Alarm: Es handelte sich um einen Spukspiegel.)

John glaubt, die Verbindung einer bestimmten Art von Geistern mit dem Mount-Washington-Hotel könne damit zusammenhängen, dass die Geister ihre Freude daran haben, wie gut die Hotelgäste sich hier amüsieren. Das Hotel ist allgemein ein Ort des fröhlichen Beisammenseins, an dem Hunderte von Hochzeiten und Galaveranstaltungen im Jahr stattfinden. Die Geister könnten auf unsere erhöhte Energie reagieren.

Wir wüssten es nicht, meinte er, aber unser »extrem emotionaler Zustand des Glücklichseins könnte für sie so etwas wie ein Rausch sein. Plötzlich sind sie in der Lage, sich zu zeigen, jemand unterhält sich mit ihnen, alle haben eine tolle Zeit zusammen, und mit einem Mal wissen sie nicht mehr, warum sie sich mitteilen. Stark angetrunken geben Menschen nur unverständliche Antworten und verraten Dinge, die sie normalerweise für sich behalten würden. Bei einer Party, besonders im Mount-Washington-Hotel, kommunizieren Geister fast genauso.«

Das Hotel birgt allerlei Geheimnisse in seinen Mauern, und ich bin immer noch dabei, sie zu entdecken. Im Keller befindet sich eine Bar, die während der Prohibitionszeit eine illegale Kneipe war. Im Fußboden der Bar versteckt sich eine Falltür, die zu einem darunterliegenden Raum führt. Ich war schon einmal drin, doch er ist heute nicht mehr zugänglich. Das gilt auch für die Turmzimmer, die nicht renoviert wurden. Das Hotel hat also zahlreiche Versteckmöglichkeiten, und entsprechend verhalten sich die Geister. Ich fühle mich seltsamerweise vom Hotel angezogen, das ich als einen glücklichen Ort empfinde. Einmal waren Charlotte und ich neben zwei anderen Leuten die einzigen Gäste im Haus und hatten das Hotel für uns allein. Man könnte meinen, es sei unheimlich, aber ich fühlte mich total wohl. Auf der anderen Seite mag ich auch unheimliche Geschichten, und ich glaube, davon gibt es hier noch einige zu entdecken.

»Es ist nicht nur ein Hotel für Menschen, sondern offensichtlich auch für Geister«, sagte John. »Sie checken ein, bleiben eine Weile und reisen dann wieder ab.« Er glaubt, der Zweck des Hotels trägt zu den Spukerscheinungen bei. »Menschen gehen oft in Hotels, wenn sie Geheimnisse haben – entweder eine Affäre, die Absicht, jemanden zu verlassen, oder um sich für ein romantisches Wochenende wegzuschleichen. Die Geister tun dasselbe, und sie tragen Geheimnisse mit sich herum.« Das sei ein Grund, warum die Begegnungen mit Geistern im Hotel fast immer sehr kurz sind. »Manchmal fangen sie an, mit dir zu reden, dann realisieren sie plötzlich, dass sie ein Geheimnis preisgeben, und verstummen. Du hast dann zwar die Andeutung eines Geheimnisses erfahren, kriegst aber vielleicht nie die Chance, es aufzulösen, weil der Geist unter Umständen nicht mehr zurückkommt.«

Es gibt noch einen weiteren Fall, den ich genauso lange verfolge wie die Spukerscheinungen im Mount-Washington-Hotel. Er liegt etwas näher an meinem Wohnort. Dabei handelt es sich um einen bestimmten Geist, nach dem ich seit über zehn Jahren gesucht habe.

Das Lizzie-Borden-Haus in Fall River, Massachusetts, ist der Schauplatz eines der bekanntesten Verbrechen der Geschichte des Landes. Selbst wer hier nicht viel über New England weiß, kennt vermutlich den Kinderreim über Lizzie Borden und das Beil, mit dem sie vierzigmal zuschlug.[5] Andrew und Abby Borden wurden im Jahr 1892 mit einer Axt ermordet, und Andrews Tochter (Abbys Stieftochter) Lizzie wurde des Mordes verdächtigt und angeklagt. Der Prozess erregte großes Interesse, alle Tageszeitungen berichteten darüber. Lizzie behauptete, sie sei unschuldig, und wurde freigesprochen, doch die Öffentlichkeit hat ihr nie verziehen, weil man sie für die wahre Mörderin hielt.

Da ich in der Gegend wohne, gehe ich oft zu dem Haus, um es zu untersuchen. In den letzten Jahren war ich bestimmt ein Dutzend Mal dort, sowohl mit kleinen Gruppen als auch um Folgen für das Fernsehen zu drehen. In der dritten Staffel von *Ruhelose Seelen* untersuchten wir das Lizzie-Borden-Haus, weil Sue, eine der Guides, das Gefühl hatte, dass auf sie eine ganz andere Art von Aktivität gerichtet war. Wir nahmen Kontakt auf mit der Person, die wir für Andrew Borden hielten, aber es stellte sich heraus, dass die Aktivitäten in Wirklichkeit von Sues Großeltern ausgingen, die ihr mitteilen wollten, dass sie auf Sues schwer kranken Vater warten, wenn er bereit wäre, sein Leben zu beenden. Der Mann verstarb, nur wenige Tage nachdem wir das Haus untersucht hatten. Ich hoffe, das Wissen, dass seine Eltern ihn in Empfang nahmen, machte Sues Schmerz ein wenig erträglicher.

Im Laufe der Jahre beobachtete ich zahlreiche paranormale Aktivitäten in dem Haus, in dem die Morde stattfanden. Der Ort eignet sich hervorragend, um Geisterjäger-Eleven herzubringen, weil dort fast immer etwas geschieht. Es gibt zwar starke Aktivitäten, aber keine davon interagiert mit mir. Dies wird mir immer klarer, je häufiger ich das Borden-Haus untersuche. Ich vermute, im Haus ist eine außerordentlich hohe Restenergie vorhanden, die zwar für viel Wirbel sorgt, die aber nicht unbedingt von aktiven Geistern stammt. Meines Erachtens wird die übernatürliche Energie durch die Besucher des Hauses verstärkt, die über die Morde und die Legenden über Lizzie Bescheid wissen und ihre eigenen Spekulationen und Hoffnungen mitbringen, etwas Gespenstisches zu erleben. Überall im Haus und im Museumsshop gibt es Ausstellungsstücke und Zeitungsausschnitte zu sehen. Die Energie des Borden-Hauses wird ständig und gut von einem der berüchtigtsten True-Crime-Fälle der amerikanischen Geschichte genährt.

In all den Zeiten, die ich in diesem Haus verbracht habe, sprach ich nie mit Lizzie Borden. Aber in der vierten Staffel von *Ruhelose Seelen* konnten Adam und ich endlich einen weiteren Ort erforschen, der das Rätsel für uns knackte.

Nach dem Tod ihrer Eltern bezogen Lizzie und ihre Schwester Emma das Haus Maplecroft in einem anderen Stadtteil von Fall River. Sie hatten Geld von ihrem Vater geerbt und das große Haus gekauft, das ihnen als Zufluchtsort vor den neugierigen Augen der Bevölkerung diente. Lizzie lebte über dreißig Jahre lang in diesem Haus bis zu ihrem Tod im Jahr 1927. Maplecroft war noch nie von Geisterjägern untersucht worden, bis wir kamen, um dort eine Folge zu drehen. Wir waren seit neunzig Jahren die Ersten, die den Ort untersuchten.

Die Frau, der auch das Lizzie-Borden-Haus gehört, hatte Maplecroft gekauft und bereitete die Öffnung des Gebäudes für Besucher vor. Die Vorbesitzer hatten ihr gesagt, dort würde es nicht spuken, aber als sie und ihre Mitarbeiter einige Zeit dort verbrachten, beobachteten sie *sehr viele* Aktivitäten. Sie hörten laute Schritte, die körperlose Stimme einer Frau und Lachen zu merkwürdigen Zeiten.

Bevor wir mit den Ermittlungen begannen, holten wir Chip Coffey dazu, um seine Eindrücke zu hören. Damit er nicht sah, wo er sich aufhielt oder irgendwelche Hinweise bekam, die ihn beeinflussen könnten, verbanden wir ihm die Augen.

»Plötzlich bin ich sehr aufgeregt und aufgewühlt«, sagte er. »Ich habe das Gefühl, die Kontrolle verloren zu haben. Ich habe alle möglichen Gefühle. Ich versuche, sie in den Griff zu bekommen, schaffe es aber nicht. Ich höre: ›*Stopp, lass mich in Ruhe.*‹«

Er nahm Kontakt zum Geist einer Frau auf, die immer wütender wurde. »›*Ihr glaubt alle, dass ihr Bescheid wisst*‹«, gab Chip wieder. »›*Ihr wisst gar nichts über mich.*‹«

»Sie schreit: ›*Hilf mir nicht!*‹«, sagte Chip und wiederholte dann weitere Äußerungen der Frau: »›*Ihr habt ihm die Augen verbunden. Ihr denkt, ihr seid schlau. Es ist mir egal, was ihr denkt. Ich werde nicht einknicken. Es tut mir leid.*‹«

Während unserer Recherchen sprachen wir mit dem Historiker Christopher Daley über Lizzie. »Es ist der amerikanische Jack-the-Ripper-Fall«, sagte er. »Die Leute werden für alle Zeiten darüber sprechen.«

Christopher erklärte weiter, warum Lizzie sich entschied, in Fall River zu bleiben, obwohl sich fast die ganze Stadt gegen sie stellte und sie weiterhin verdächtigte, ihre Eltern ermordet zu haben, auch wenn sie freigesprochen worden war. »Sie sagte: ›Wenn die Wahrheit über diesen Mord ans

Licht kommt, möchte ich in Fall River wohnen, damit ich in die Stadt gehen und meine Freunde treffen kann, die mich all die Jahre niedergemacht haben.‹«

Er verriet uns auch eine wichtige Information: Nach dem Prozess nahm Lizzie den Namen Lizbeth an. Dieser Name steht auch auf ihrem Grabstein, obwohl ihr Geburtsname Lizzie ist, und so wollte sie auch ihr ganzes Leben lang angesprochen werden.

In der Nacht davor hatten wir eine EVP-Aufzeichnung des Namens *Lizzie Borden* empfangen. Wir dachten wirklich, wir hätten mit ihr gesprochen, aber abgesehen von dieser einen Antwort hatte sie nicht viel anderes gesagt. Nach dem, was Chip andeutete, hatte sie keine große Lust, mit uns zu kommunizieren.

In der Annahme, dass sie ihren Namen nur als vorlaute Antwort genannt hatte, schlug Adam vor, die Ermittlungen in dieser Nacht anders anzugehen, indem er alles entfernte, was in irgendeiner Weise mit dem Mord zu tun hatte. »Wir müssen es ihr angenehm machen, wenn wir Antworten bekommen wollen«, sagte er. »Und wir müssen dafür sorgen, dass es sich wie ihr Zuhause anfühlt.«

Also schickten wir uns an diesem Abend an, Maplecroft zu einer »axtmordfreien Zone« zu machen, wobei wir ihr unsere Aktionen schilderten, damit sie sehen und hören konnte, was wir taten. Wir sprachen sie als Zeichen des Respekts mit dem Namen an, den sie gewählt hatte, und versicherten ihr, dass wir nur gute Absichten hätten und ihre Vergangenheit nicht ausnutzen oder aufbauschen wollten. Dann bauten wir eine Spirit-Box auf, alles mit der Absicht, dass Lizbeth sich so wohl wie möglich fühlte. Ich ging nach oben in eines der Zimmer, während Adam unten blieb und über ein Walkie-Talkie Fragen an sie richtete.

»Meine Freundin Amy ist oben«, sagte er. »Es wäre schön, wenn du dich bei ihr melden würdest. Kannst du ihr deinen Namen sagen?«

Lizbeth.

»Es werden viele Leute hierherkommen und versuchen, mit dir zu reden. Und die meisten dieser Leute werden versuchen, über das zu sprechen …«

Direkt.

»Ja, sie werden direkt mit dir reden.«

Ich bin verloren.

»Den Besitzern dieses Hauses gehört jetzt auch das Haus …«

Sag nichts. Ich bin es nicht.

»Die Leute werden dich fragen, was in der Second Street passiert ist. Wir wollen dich nur warnen und dich darüber informieren, um zu sehen, ob das für dich in Ordnung ist.«

Bitte sprich mit ihnen. Bist du da?

»Du sagst also, es ist okay, wenn die Leute kommen und mit dir über deine Vergangenheit reden?«

Komm zurück.

»Worüber möchtest du denn reden?«

Ich spürte, dass jemand durch den Raum ging, aber es war niemand da.

»Vermisst du jemanden aus deiner Vergangenheit, Lizbeth?«

Man gewöhnt sich daran. Ich bin sauer.

»Worauf bist du sauer?«

Stopp. Hör auf damit. Allein. Ich habe es versucht.

Wir hatten gerade ein vollständiges Gespräch mit dem Geist von Lizbeth Borden geführt, vielleicht das allererste überhaupt. Ich hörte ganze Sätze, was bei Geisterantworten in EVP-Sitzungen oder Spirit-Box-Versuchen fast nie der Fall ist. Es fiel mir allerdings schwer, ihr zuzuhören: Sie schien so zwiegespalten und einsam zu sein.

Aus meiner Sicht ist der einzige Grund, warum Lizbeth sich entschieden hat, mit uns zu sprechen, dass wir freundlich zu ihr waren und ihr mit Respekt begegneten, obwohl wir auf der Suche nach einem der begehrtesten Geister aller Zeiten waren, der vielleicht eine Mörderin war. Wir wissen es nicht mit Sicherheit. Ich weiß nur, dass viele Menschen mit ihr sprechen wollten, aber ich habe nichts darüber gehört, dass sie jemals geantwortet hätte.

Am Ende hatte ich das Gefühl, dass Lizbeth meine Freundin ist. Wir fragten sie nicht, ob sie den Mord begangen habe, obwohl einer der Produzenten darauf drängte. Wir hätten das Vertrauensverhältnis, das wir mit ihr aufgebaut hatten, zerstört und damit unsere gesamte Arbeit. Adam und ich fragten sie nie, ob sie es getan habe. Sonst hätten wir sie die ganze Zeit über angelogen, als wir versprachen, nicht über die Morde zu sprechen.

Der Fall Lizzie Borden mag eines der berühmtesten Verbrechen sein, aber wir werden nie Antworten erhalten, weil Lizbeth es so will. In Boston gibt es eine Anwaltskanzlei, die alle Akten und Unterlagen über den Fall hütet, und sie sind bis zum heutigen Tag unter Verschluss. Lizbeth ließ die Kanzlei schriftlich bestätigen, die Akten für immer aufzubewahren und niemals zu entsiegeln. Die Antwort befindet sich also etwas mehr als siebzig Kilometer vom Ort des Verbrechens entfernt und wird nie enthüllt werden.

 Die Geschichte vom Geisterbrot

Das Beste an den Dreharbeiten in New England ist für mich, dass ich nicht von meiner Tochter getrennt sein muss. Als wir in Maplecroft drehten, das in der Nähe unseres Wohnortes liegt, kam Charlotte nach der Schule zu uns ins Haus. (Ich nahm Charlotte schon vor ihrer Geburt mit an Spukorte. Eines Tages wird sie ihr eigenes Buch über das Aufwachsen mit Geistern schreiben. Ich kann es kaum erwarten, all das aus ihrer Perspektive zu lesen.)

An diesem Tag hatten wir eine wirklich anspruchsvolle Aufgabe, die meine volle Aufmerksamkeit verlangte, aber Charlotte wollte unterhalten werden. »Charlotte, hier, schau dir das an«, sagte unser Produktionsleiter Sean Nichols. Er hielt ein Plastikbaguette in der Hand, das auf einem Tablett mit künstlichen Speisen auf dem Kaminsims lag. »Das ist Geisterbrot.«

»Geisterbrot?«, fragte sie und strahlte ihn an.

»Ja«, sagte er. »Du nimmst es und versteckst es irgendwo, und die Geister kommen und essen es. Sie lieben es.«

Charlotte schnappte sich das Brot und rannte die Treppe hinauf. »Geeeeeiiiiisteeeeer«, hörten wir sie rufen, »ich habe Geeeeeiiiiisteeeeerbrooooot für euch.«

Nachdem sie es versteckt hatte, hörten wir, wie sie wieder die Treppe herunterkam. Währenddessen rannte Sean die Hintertreppe hinauf, schnappte sich das Brot und schlich sich wieder hinunter, ohne dass sie es bemerkte.

»Mom«, sagte Charlotte. »Lass uns nachsehen, ob die Geister das Geisterbrot gegessen haben.«

Als wir oben ankamen, war das Brot verschwunden. Sie konnte nicht glauben, was da gerade passiert war.

Bis heute nehmen wir das Geisterbrot zu jedem Fall mit, den wir untersuchen, und wir stellen sicher, dass es irgendwo in einer Aufnahme platziert wird, die es in die Sendung schafft. Wenn du uns also das nächste Mal bei der Geisterjagd zuschaust, solltest du auch nach dem Geisterbrot suchen.

Kapitel 8

Hüte dich vor trampenden Geistern

Die Sache ist die: Ich sammle Gruselpuppen. Eigentlich bin ich sogar irgendwie besessen von ihnen.

Es ist seltsam. Ich weiß. Die Leute fragen mich immer, warum ich sie kaufe, wenn doch die Gefahr besteht, dass die Puppen spuken, oder negative Energie mit ihnen verbunden ist. Aber dieselben Leute weigern sich, überhaupt irgendwelche Antiquitäten zu erwerben, weil sie so viel Angst davor haben, welche Restenergie mit ihnen verbunden sein könnte. Und das, denke ich, ist noch seltsamer.

Um ehrlich zu sein, tun mir diese Puppen einfach leid. Ich sehe sie und bin traurig, weil die Leute sie hässlich und furchteinflößend finden, also adoptiere ich sie und gebe ihnen einen liebevollen Platz zum Leben. Nun, zumindest liebe ich sie. Charlotte hat große Angst vor ihnen.

Kürzlich kaufte ich wieder eine solche Puppe in einem Antiquitätengeschäft. Es war eine Bettpuppe aus den 1920er-Jahren, eine dieser großen Puppen für Erwachsene, die zur

Dekoration auf dem Bett sitzen. Sie haben normalerweise menschliches Haar. Ich wusste nichts über die Puppe, außer dass sie alt und irgendwie seltsam war, also war sie genau das Richtige für mich. Ich brachte sie an die Kasse, und die Kassiererin sagte: »Oh, das ist die Puppe, die wir jeden Morgen auf dem Boden finden.«

Ja, natürlich spukte sie. Ich kann mir nicht helfen. Ich fühle mich einfach zu diesen Dingen hingezogen.

Die Puppe hat in meinem Haus keine Aktivität gezeigt. Ich denke, sie wollte einfach ein gutes Zuhause. Aber wie ich schon sagte, machen sich die Leute immer noch viele Sorgen darüber, dass ich Restenergie in mein Haus bringe. Am häufigsten werde ich gefragt, wie ich mich dagegen schütze, etwas nach Hause mitzunehmen, oder davor, dass sich Geister an mich heften. Die Antwort ist: Ich mache gar nichts. Oder, genauer gesagt, ich mache mir einfach nicht so viele Gedanken darüber.

Menschen, die weniger Zeit mit Geistern verbracht haben als ich, neigen dazu, sich auf die Gefahr und Angst zu konzentrieren, die sie mit dem Paranormalen verbinden. Das ist absolut nachvollziehbar. Denn ein Großteil der Darstellung des Übernatürlichen in der modernen Kultur wurde geschaffen, um dir Angst einzujagen und das Gefühl zu vermitteln, dir könnte etwas begegnen, das sich an dich klammert und Schreckliches verursacht.

Gruselfilme sind so eine Sache. Du brauchst sie dir nicht anzuschauen, wenn du das nicht willst. Aber solche Ideen gibt es überall, sogar in Disneyland. Der Ghost Host sagt am Ende der »Haunted-Mansion«-(»Geistervilla«-)Tour: »Beware of hitchhiking ghosts!« (»Hüte dich vor trampenden Geistern.«) Während der Fahrt hörst du, dass es in der Villa »Neunhundertneunundneunzig glückliche Geister« gibt, aber es ist noch Platz für einen weiteren. Am Ende der Fahrt hörst du dann, dass die Geister dich als den glücklichsten tausendsten auserwählt haben. »Sie werden dich heimsuchen, bis du wiederkommst«, heißt es. »Jetzt öffne ich den Sicherheitsbügel, und ein Geist wird dir nach Hause folgen!«

Wie du schon in *Ruhelose Seelen* und anderen Geisterjäger-Serien gesehen hast, sind Spukhäuser im wahren Leben nicht dasselbe wie im Fernsehen. Es gibt dort viel weniger rot glühende Augen und viel mehr Leute, die im Dunkeln sitzen und auf ein Geräusch aus dem anderen Raum warten. In den allermeisten Fällen können dich Geister im richtigen Leben nicht verletzen, sie versuchen es sogar nicht mal. Wenn mir also tatsächlich mal ein Geist nach Hause gefolgt *ist* – du wusstest, dass das kommen würde, stimmt's? –, hab ich mir deswegen keine Sorgen gemacht.

Für eine Folge von *Ghost Hunters* war ich in Charleston, South Carolina. Jason Hawes und ich untersuchten dort zusammen das alte Stadtgefängnis. Wir waren in diesem eigenartigen Raum, der nicht wirklich eine Zelle war, als Jay einen Kratzer am Hals bekam und ich irgendetwas Warmes um meine Beine spürte, fast so, als würde sie jemand umarmen. Das war die einzige Aktivität, die wir feststellten.

Nachdem wir mit der Untersuchung fertig waren, fasste ich meine Eindrücke des Abends zusammen. Eine Produzentin befragte mich und nahm meine Antworten auf. Es stellte sich heraus, dass ich in einem der Räume gewesen war, in denen Frauen und Kinder leben mussten, die keine andere Zuflucht hatten, solange ihre Ehemänner und Väter inhaftiert waren. Die Bedingungen an einem Ort wie diesem müssen im Jahr 1802, als das Gefängnis gebaut wurde, unerträglich gewesen sein. Schwangere Frauen entbanden dort, ohne dass ihnen jemand beistand, Kinder verhungerten.

Ich hatte keine Ahnung, wo wir gewesen waren. Als die Produzentin mich fragte, wie ich mich fühlte, nachdem ich mich in einem Raum aufgehalten hatte, in dem so viele unschuldige Menschen leiden mussten, rastete ich aus. Ich war in der sechzehnten Woche mit Charlotte schwanger und sehr emotional, und ich konnte den Gedanken nicht ertragen, ohne mein Wissen in solch einem Umfeld gewesen zu sein. Ich fing an zu weinen. »Hör auf zu filmen«, sagte ich. »Ich will nicht einmal darüber reden. Das ist furchtbar.« Plötzlich wurde die Produzentin gekratzt, und so ging es für den Rest der Zeit, die wir im Gefängnis waren, weiter. Es war fast so, als ob jemand wütend darüber war, dass sie mich verärgert hatte, und mich beschützen wollte.

Als ich nach Hause kam, schien alles in Ordnung zu sein – bis ich oben in meinem Badezimmer war und diesen kleinen Schatten erblickte, der den Flur von meinem Schlafzimmer zu Charlottes Zimmer hinabhuschte. In meinem Haus spukte es definitiv nicht, also schaute ich genauer hin. Aber ich sah den Schatten später nicht mehr und flog schließlich zurück nach Charleston, um die Folge abzuschließen.

Während ich weg war, kam eine Freundin in mein Haus und half mir mit ein paar Sachen aus. Sie schickte mir eine SMS: »Amy, ich habe gerade einen kleinen Schatten oben im Flur gesehen.« Und später sah sie etwas quer durch mein Schlafzimmer fliegen. Ich hatte überhaupt nicht mit ihr darüber gesprochen, und sie berichtete genau das Gleiche, was ich erlebt hatte, und mir war klar, dass etwas Merkwürdiges geschehen war. Ein Geist war mir von diesem Gefängnis nach Hause gefolgt.

Bei dem kleinen Schatten musste ich daran denken, wie etwas meine Beine umklammert hatte, so wie es ein Kind tun würde. Ich hatte das Gefühl, dass ein Kind versuchte, auf diese Weise auf sich aufmerksam zu machen. Als ich nach Hause zurückkam, führte ich ein Gespräch mit dem kleinen Jungen oder Mädchen. »Du kannst so lange bleiben, wie du willst«, sagte ich, »aber du darfst niemanden erschrecken oder stören. Ich bin selbst bald eine Mutter.« Ich sah den Schatten noch ein paarmal, aber irgendwann war er weg.

Siehst du? Du kannst einen Geist in deinem Haus haben, und es ist überhaupt nicht gruselig.

Jeder Ermittler hat seine eigene Art, sich mental oder physisch auf einen Fall vorzubereiten. Manche beten, bevor sie einen Ort betreten, an dem es spukt, oder sie praktizieren Energiearbeit, um sich zu schützen. Andere tragen zum Schutz Kristalle oder ein Amulett. Jeder braucht etwas anderes, um sich darauf vorzubereiten, einen Spukort zu besuchen.

Ich persönlich verzichte auf all das. Ich schütze mich durch mein Bewusstsein, dass ich zu stark bin, um irgendetwas zuzulassen. Ich weiß, dass ich mich selbst schützen kann; verlasse ich mich aber auf irgendwelche religiösen Amulette, Gebete oder Kristalle, mache ich mich angreifbar. Wenn ich den Gegenstand verliere oder vergesse zu sagen, was ich üblicherweise sage, werde ich mich schwächer fühlen. Und auf keinen Fall möchte ich mich selbst in eine solche Lage bringen.

Außerdem bin ich voll und ganz in der Lage, die Situation zu meistern, falls mir ein Geist nach Hause folgen sollte. Es ist nicht so, dass sich ein Geist für immer an mich heften und Negatives in meinem Leben anrichten würde. Diese Befürchtung höre ich öfter von den Leuten, deren Häuser wir untersuchen (so wie Sharons Haus in Connecticut im vorigen Kapitel) und in meinem persönlichen Umfeld (zum

Beispiel von denjenigen, die mich für den Kauf von Antiquitäten kritisieren).

Vergiss nicht: Geister haben einen freien Willen, genau wie wir. Wenn sich einer von ihnen entscheidet, mit mir nach Hause zu kommen, kann ich das nicht unbedingt verhindern. Einige dieser Geister haben das dringende Bedürfnis, eine Botschaft zu übermitteln. Wenn du ihre erste Hoffnung seit langer Zeit bist, dann folgen sie dir vielleicht einfach.

»Wenn sie intelligent sind und gehen können, wohin sie wollen«, sagte Adam, »spricht nichts dagegen, dass sie mit dir mitkommen.«

Vielleicht ist dieser Geist noch nicht fertig mit dem, was er zu sagen hat, oder du bist die erste Person seit Jahrzehnten, die ihm zuhört. Du magst vielleicht entscheiden, dass das Gespräch beendet ist, aber der Geist könnte sagen: *Moment, ich war noch nicht fertig.* Es besteht die Möglichkeit, dass er den Austausch fortsetzen möchte. Ich sage angehenden Ermittlern immer, dass sie darauf vorbereitet sein müssen. Wenn du an einen Ort gehst, an dem es spukt, kannst du nicht unbedingt vorhersagen, was du dort finden wirst oder wie sich die Geister verhalten werden.

Du musst einfach eine Grenze setzen. Als Adam und ich eine Untersuchung im Trans-Allegheny Lunatic Asylum in Weston, West Virginia, beendet hatten und den Ort verließen, hatten wir beide das klare Gefühl, dass etwas bei uns war. Wir blieben stehen und schauten uns an. Ich fragte: »Spürst du das auch?« Und er sagte: »Ja, da ist etwas hinter uns.« Also drehten wir uns beide um und sagten mit fester Stimme: »Du musst hierbleiben. Du kannst nicht mitkommen.« Was auch immer es war, es hörte auf uns und blieb dort.

Meine Einstellung, wenn ich einen Spukort betrete, beeinflusst das Ergebnis also maßgeblich.

Ich bin fest davon überzeugt, dass die eigene Intention die Erfahrungen an einem Ort bestimmt. Letztendlich kommt es auf deine Perspektive, deine Stimmung und deine Energie an. Ich gehe mit der Einstellung hinein, ich habe einen Job zu erledigen, und wenn ich weggehe, nehme ich meine Arbeit nicht mit nach Hause. Jemand, der Angst hat und an seinen Fähigkeiten zweifelt, zieht vielleicht eine andere Form des Austauschs an.

Du kannst zwar deine Intention kontrollieren, aber nicht die Menschen in deinem Umfeld, egal, ob sie leben oder tot sind. Genau wie lebende Menschen können sich auch Geister unangemessen verhalten. Was auch immer in der Truhe im May-Stringer-Haus in Florida war, musste ein ziemlicher Idiot sein. Er zog an den Haaren der Führerin und berührte sie ständig, obwohl er wusste, dass sie Angst hatte und es sie störte. Er kniff mich und Adam mehrmals mit kräftigen, gezielten Griffen. Eine Sache, bei der ein Geist eine andere Meinung über angemessenes Verhalten haben könnte, ist die Vorstellung, es sei okay, dir nach Hause zu folgen. Viele Leute nehmen automatisch an, dass es sich dabei um eine Anhaftung handelt, wenn das passiert. In Wirklichkeit konnte ich aber nur sehr wenige echte Anhaftungen von Geistern an Menschen wahrnehmen.

Anhaftungen kommen meistens bei Objekten vor. Die Truhe im May-Stringer-Haus hatte definitiv eine Anhaftung, und deshalb war die Aktivität stark auf sie konzentriert. Ein Geist kann zwar eine Affinität zu einem Gegenstand haben und durch ihn inspiriert werden zu kommunizieren, wenn er ihn sieht, ist aber nicht daran gebunden. »Ich glaube, es gibt abgestufte Bindungen an Gegenstände«, sagte Adam. »Wenn du diese Truhe bewegst, geht der Geist mit der Truhe mit. Aber auf der anderen Seite gibt es Objekte, die einfach wiederzuerkennen sind, wie Schmuck oder ein Liebesbrief, etwas, was emotional besetzt ist. Geister können zwar auf diese Objekte reagieren, sie sind aber nicht physisch an sie gebunden.«

Er glaubt, dass wir dazu neigen, an Gegenständen festzuhalten, zum Beispiel Familienrosenkränzen, weil ihre Besitzer Energie und Intentionen in sie einfließen ließen. »Sie geben ständig Energie hinein: Sie wünschen sich etwas, beten dafür, konzentrieren sich darauf. Rosenkränze enthalten eine Menge Energie, und wenn sie an die nächste Generation weitergegeben werden, ist das der Grund, warum die Leute sie behalten. Denk an die Bibel meiner Oma. Ich weiß, dass sie viel Zeit und Energie damit verbracht hat, um darin zu lesen, in sie hineinzuschreiben und sie in der Hand zu halten. Ich glaube, wenn du diese Bibel nimmst und lange genug wartest, kannst du sie wahrnehmen. Sie alle sind bei dir.«

Greg und Dana Newkirk glauben, dass viele der Gegenstände ihrer Sammlung aufgrund einer negativen Erfahrung des früheren Besitzers zu Spukobjekten wurden. »Die meisten Sachen, die uns gegeben werden, haben ein Merkmal, welches anzeigt, dass die Leute unter einer bestimmten Angst oder einem Trauma leiden, die sie auf übersinnliche oder mentale Weise in diesem Gegenstand gespeichert haben«, sagte Greg. »Etwas an einem Objekt ist wie eine Art Trägerstoff für das Trauma.« Deshalb, glaubt er, gehe vom Großteil ihrer Sammlung keine störende negative Energie aus und stehe in ihrem Haus friedlich beisammen. »Von all den Objekten, die uns die Leute bringen, fallen 95 Prozent bei uns überhaupt nicht unangenehm auf.«

»Auf der einen Ebene handelt es sich um eine Form der psychischen Bewältigung«, sagte Dana. »Aber es passiert auch etwas auf einer paranormalen Ebene, wo im Moment des Loslassens das Trauma auf übersinnliche Weise auf ein Objekt übertragen wird.«

Sie halten an diesen leblosen Gegenständen fest, weil sie sehr wahrscheinlich mal für jemanden von Bedeutung waren. »Wir haben Regale voll mit Sachen, die noch nie grundlos heruntergefallen sind«, sagt Greg. »Aber die anderen fünf Prozent können sehr, sehr interessant sein.«

Das Geheimnis der brennenden Puppe

Ich kaufte meine allererste Gruselpuppe, als ich etwa dreizehn Jahre alt war und in Petaluma, Kalifornien, lebte. Es gab einen Antiquitätenladen in unserer Nähe, und ich ging dort ständig einkaufen.

Ich verliebte mich in eine Bettpuppe in dem Laden, die so teuer war, dass sie mein Budget bei Weitem überstieg. Ich glaube, sie kostete etwa hundert Dollar. Die Besitzerin des Ladens gestattete mir Ratenzahlung, und so ging ich jede Woche hin und brachte ihr mein Taschengeld.

Als ich sie schließlich abbezahlt hatte, nahm ich die Puppe mit nach Hause und stellte sie in ein Regal in meinem Zimmer.

Und da versuchte sie, unser Haus niederzubrennen.

Eines Tages kam ich nach Hause, und in meinem Zimmer roch es nach Feuer. *Das ist seltsam,* dachte ich und schaute mich nach der Ursache um. Über der Puppe war ein Brandfleck zu sehen.

Ein paar Tage später roch es in meinem Zimmer wieder nach Feuer. Als ich die Puppe herausnahm, sah ich, wie Rauch von ihr aufstieg. Ihr Kleid schwelte wie Papier, das langsam verbrennt.

Natürlich stellte ich sie in meinen Schrank und rief meine Tante Roxi an.

Sie beschloss, dass wir eine Séance über der Puppe abhalten sollten, um herauszufinden, was vor sich ging. Wir machten ein Ritual – ich weiß nicht mehr genau, was wir taten –, und sie versuchte, sich auf die Puppe einzustimmen. Laut ihrer hellseherischen Wahrnehmung war die Frau, der die Puppe vorher gehörte, sehr krank gewesen, und als sie im Sterben lag, brannte in ihrem Haus ein Feuer im Kamin. Das Letzte, was die Frau vor ihrem Tod sah, war nach Aussage meiner Tante, dass die Glut sehr nahe an die Puppe geraten war, weswegen sie sich Sorgen machte, die Puppe könnte Feuer fangen. Irgendwie war die Puppe mit Feuer verknüpft worden, als ihre Besitzerin starb.

Ich habe keine Möglichkeit, irgendetwas davon zu verifizieren. Aber diese Erfahrung weckte mein Interesse an Spukobjekten. Ich sammelte später Dutzende dieser Puppen. Irgendwann verkaufte ich sie dann, weil ich keinen Platz mehr hatte.

Die ursprüngliche Puppe? Nun, meine Katze hegte eine intensive Abneigung gegen sie und ruinierte sie auf eine sehr spezielle Art und Weise, wie es nur Katzen können. Vielleicht versuchte sie, das Feuer zu löschen. Ich weiß es nicht. Aber die arme Puppe landete ausgerechnet in der Müllverbrennung.

Kapitel 9

Geistertour durchs Spukgefängnis

Wenn du deine Augen schließt und an den absolut gruseligsten Ort denkst, den du dir vorstellen kannst, was siehst du dann? Verrostete Gitterstäbe, die den Eingang von verfallenen Zellen versperren? Einen dunklen Friedhof voller modriger Grabstätten, umgeben von alten Bäumen? Ein altes Krankenhaus mit dunklen Gängen voll mit uralten medizinischen Geräten und umgestürzten Betten?

Wie auch immer deine Antwort lautet, du hast recht. Jeder Mensch hat seine eigenen Trigger und Ängste, die sein persönliches Horrorszenario auslösen. Man könnte meinen, ein Spukgefängnis stünde ganz oben auf der Liste der Orte, an denen ich mich nicht mitten in der Nacht aufhalten möchte, aber bei mir ist das eigentlich nicht der Fall. Sie machen mir einfach nicht so viel aus.

Ich untersuchte bestimmt schon viele Gefängnisse, in denen ich viel Aktivität wahrnahm. Ich verbrachte sogar schon eine Nacht in einer Zelle auf Alcatraz. Trotz seines Rufs ist es einer der am wenigsten heimgesuchten Orte, die ich je besuchte. Wir recherchierten dort für *Ghost Hunters*, aber das erste Mal war ich mit einer Gruppe von Freunden dort, die alle an der Verlosung von Karten für eine der seltenen und begehrten Übernachtungen auf dem Felsen teilgenommen hatten. Wir empfingen einige interessante EVP in der Leichenhalle, und in einer Einzelhaftzelle war auch viel los, aber ich erinnere mich, wie enttäuscht ich war, dass es nach all den Legenden um das angeblich unentrinnbare Gefängnis dort nicht stärker spukte.

Angesichts der düsteren Atmosphäre eines Gefängnisses vermutet man leicht, dass es in allen Haftanstalten spukt und sie von dunkler Energie umgeben sind. Aber das ist nicht überall so. Andere, wie das Missouri-State-Zuchthaus, haben eine schlimme Geschichte, und dort spukt es sehr heftig.

Ich erlebte eine Menge Aktivitäten in Gefängnissen, aber die meisten entsprachen nicht dem, was man erwarten würde, wenn man hört: »Ich sprach mit einem Geist in einem Gefängnis.« Die Leute neigen dazu, ein Gefängnis mit einer bestimmten Vorstellung zu betreten, welchen Geist sie treffen werden. Wir haben wirklich keine Ahnung, mit wem wir dort kommunizieren werden, und wissen ebenso wenig, warum eine Person eingesperrt wurde oder wie sie dorthin kam. Ich sage den Leuten immer, sie sollten jegliches Vorurteil vergessen, wenn sie in ein Gefängnis gehen, und einfach nur die Menschen im Blick haben. Einige von ihnen hatten eine schreckliche Kindheit und haben Fehler gemacht. Viele von ihnen hatten Drogenprobleme oder wurden missbraucht. Bei älteren Gefängnissen kann es sein, dass man es mit jemandem zu tun hat, der eingesperrt wurde, weil er nicht in der Lage war, eine Steuerrechnung von einem Dollar zu bezahlen. Es muss nicht immer ein verrückter Mörder sein, der eine wirklich aufregende Geschichte zu erzählen hat.

Aber das könnte wiederum meine Intention oder meine Befangenheit sein. Ich bin mir sicher, dass viele Menschen bei ihrer Untersuchung von düsteren alten Gefängnissen viel finsterere Beweise gefunden und erschreckendere Erfahrungen gemacht haben. Vielleicht entlocke ich diesen Geistern ihre menschliche Seite, weil ich versuche, mich in sie einzufühlen. Abgesehen davon habe ich den Eindruck, dass viele Geister, die ich in Gefängnissen antreffe, glauben, dorthin zu gehören, als ob sie sich entschieden hätten, in einer selbst auferlegten Strafe dort zu verharren. Die Geister sind im Großen und Ganzen nicht böse, sondern traurig. Aus diesem Grund sehe ich meist keine Gefahr, in einem alten Gefängnis angegriffen zu werden, und das wurde ich auch noch nie (mit Ausnahme von einem Aufenthalt in Gettysburg, wo ich gepackt wurde, und ein paar Dingen, die ab und zu geworfen wurden). Die Geister, mit denen ich kommunizierte, sind nicht einmal auf der Suche nach Hilfe. Sie sagen eher so etwas wie: *Hier gehöre ich her, also bleibe ich hier.* Es ist fast so, als ob sie meinen, es nicht verdient zu haben, den Ort zu verlassen.

Als wir in der vierten Staffel von *Ruhelose Seelen* das Old-St.-Johns-County-Gefängnis in St. Augustine, Florida, untersuchten, stellten wir schon beim Eintreten fest, dass hier viel los ist. St. Augustine wurde 1655 gegründet und ist damit die älteste kontinuierlich bewohnte Stadt der Vereinigten Staaten. Das Gefängnis hat eine sehr dunkle Geschichte, denn darin waren über hundert Jahre lang Gefangene unter unmenschlichen Bedingungen interniert. Krankheiten grassierten in den überfüllten Zellen, und die Gefangenen kämpften miteinander und brachten sich gegenseitig um. Die Häftlinge – genannt »das Produkt« – wurden in brutalen Kettenkolonnen als billige Arbeitskräfte des Countys ausgebeutet. Wenn Gefangene zum Tode verurteilt wurden, mussten sie ihren eigenen Galgen bauen, und Hunderte von Menschen kamen und sahen zu, wie diese Männer öffentlich gehängt wurden.

»So eine Energie verschwindet nicht einfach, nur weil man die Leichen rausgeschleppt hat«, sagte Stephen, Geschäftsführer des Gefängnismuseums. Er berichtete, dass seine Mitarbeiter angefasst wurden und sie ein kriechendes dunkles Wesen sahen. Stephen selbst wurde fast die Treppe hinuntergestoßen, was er als bewussten Angriff wertet.

Die Korruption im Gefängnis führte dazu, dass fälschlicherweise auch Männer inhaftiert wurden, die kein Verbrechen begangen hatten und ihre Unschuld zu Lebzeiten nicht beweisen konnten. Damit wurden wir in der ersten Nacht unserer Ermittlungen konfrontiert.

»Ist hier jemand? Sheriff, Deputy, Mörder, Verbrecher, wer auch immer?«, sagte Adam bei einer EVP-Sitzung.

Ich bin kein Mörder, erhielten wir als Antwort.

Sofort war uns klar, welche Aufgabe wir im Gefängnis zu erledigen hatten, doch es kamen nur wenig Reaktionen, bis ich fragte: »Wie hieß der Sheriff, als du hier warst? War er ein guter Sheriff?«

Die deutlichste Antwort dieser Nacht lautete: *Nein.*

Am nächsten Tag stellten wir Recherchen über Häftlinge an, die vielleicht unschuldig wegen Mordes verurteilt worden waren. Ein Fall stach besonders heraus: Jim Kirby und Robert Lee waren wegen Mordes angeklagt, und beide wurden im Jahr 1901 verurteilt und gehängt. Obwohl Kirby darauf beharrte, dass Lee nichts mit dem Verbrechen zu tun hatte, wurde dieser nicht freigesprochen. Am Tag der Hinrichtung beteuerten beide Männer erneut Lees Unschuld. »Sie hängen einen unschuldigen Mann«, sagte Lee am Tag der Hinrichtung, wie es in einem Artikel des *St. Augustine Record* nachzulesen war. »Da Gott mein Richter ist und ich weiß, dass ich ihm in ein paar Minuten unschuldig oder schuldig gegenüberstehen muss, erkläre ich mich für unschuldig.« In demselben Artikel sagte Kirby: »Ich habe versucht, Lee zu retten, aber es ist mir nicht gelungen. Doch es ist sicher, dass er erst von der Sache erfuhr, als sie geschehen war.«

Am Abend baten wir Chip, in der Einzelhaftzelle ein Reading durchzuführen. Hier waren viele Aktivitäten festzustellen. Er war auf der Stelle überwältigt von Gefühlen. »Wen auch immer ich da wahrnehme, sagt, ihm sei alles scheißegal. Ich bräuchte es nicht einmal zu versuchen«, sprach er. »Es ist furchtbar. Einfach hoffnungslos. Es kommt in Wellen. Ich habe das Gefühl, es gibt überhaupt keinen Grund, zu existieren.«

Wir fragten Chip wiederholt, ob er den Raum verlassen wolle, aber er wollte das Reading abschließen. »Es war entsetzlich«, sagte er später. »Ich saß auf dem Stuhl und empfand so viel Wut und Schmerz. Ich hatte Angst, war angespannt, verwirrt, hoffnungslos, hilflos, alles gleichzeitig. Ich fing an, zu zittern, und schrie: ›Lasst mich hier raus!‹« Doch das waren die Stimmen der Gefangenen, die er channelte, und nicht Chip selbst. Aber egal, wen er da hörte, es war einfach schrecklich wegen all der negativen Emotionen.

»Wir sind hier, um den Lebenden und den Verstorbenen zu helfen«, sagte er. »Vielleicht gibt es Menschen, die immer noch diesen inneren Aufruhr erleben. Vielleicht gab es Unschuldige, die in diesen Raum gesteckt, misshandelt oder missbraucht wurden, und sie haben das über das Grab hinaus mit sich genommen. Es ist unglaublich komplex und kompliziert, wenn man sich mit diesem Zeug beschäftigt. Manchmal kann es wirklich sehr extrem sein.«

Mithilfe eines Gefängnismitarbeiters, der in dem Raum selbst ein paar heftige Situationen erlebt hatte, nahmen wir Kontakt zu den beiden Männern auf und sagten ihnen, dass wir die wahre Geschichte kennen und sie der Öffentlichkeit mitteilen würden. Wir hoffen, dass die Männer durch die Veröffentlichung ihrer Geschichte und die Richtigstellung der historischen Ereignisse das Gefühl haben, diesen Ort jetzt verlassen zu dürfen, da ihre Aufgabe erfüllt ist.

Für viele Leute sind alte Gefängnisse Stätten des Bösen, aber ich betrachte sie immer noch als Orte, an denen Menschen Hilfe benötigen, auch wenn sie nur schwer dazu zu bewegen sind, mit uns darüber zu sprechen. Obwohl diese Seelen im Gefängnis leben, versuchen wir, den Insassen zu helfen. Mit dieser Einstellung gehe ich an jeden Ort, egal, ob es sich um ein Gefängnis, eine psychiatrische Anstalt oder ein Krankenhaus handelt. Wenn ich hineingehe, sage ich immer, dass ich nicht da bin, um Urteile zu fällen oder um Anweisungen zu geben, was zu tun ist. Ich bin nicht von der Polizei und keine Ärztin. Ich bin nur da, um zu reden.

Vielleicht liegt es an meiner mütterlichen Natur, aber ich habe die meisten emotionalen Probleme mit Orten, an denen Menschen krank waren und gelitten haben. Im Old-South-Pittsburg-Hospital in South Pittsburg, Tennessee, war ich allein in der Leichenkammer, wo die Verstorbenen aufgebahrt wurden, und machte eine Spirit-Box-Session. Ich sagte gerade »Wer bin ich?« und »Mord«, als etwas auf eine sehr unheimliche Art und Weise meinen Kopf seitlich streifte. Ich musste da raus. Ich mochte dieses Gefühl überhaupt nicht.

Einen der schwierigsten Momente überhaupt erlebte ich zusammen mit Adam im Waverly-Hills-Sanatorium, zu dem wir in der dritten Staffel von *Ruhelose Seelen* noch einmal hinfuhren. Dort gibt es auf einer Fläche von 1,6 Hektar über fünfhundert Zimmer. Die Besitzerin, Tina Mattingly, bat uns zu kommen, weil sie zahlreiche Aktivitäten im vierten Stock des Krankenhauses festgestellt hatte, die ihr und anderen Paraforschern Angst einjagten. Dieser Bereich war früher die Abteilung für psychisch kranke Patienten gewesen.

Wir begannen unsere Arbeit mit EVP-Aufnahmen. Ich fragte: »Sollen wir deine Familie und Freunde suchen? Aber wenn du das nicht möchtest, ist es auch in Ordnung, mit uns zu sprechen.«

Die Antwort ertönte so kraftvoll, dass Adam und ich einen Satz machten. *Neeeiiin!* Das geschah genau an der Stelle, an der Tina Schreie gehört hatte.

Wir hätten nicht sagen können, ob der Mann nicht wollte, dass wir seine Familie suchen, oder ob er nicht bereit war, mit uns zu sprechen. Nachdem Chip dazugestoßen war, sagte er, hier seien aufgebrachte Menschen, die nicht mehr belästigt werden wollten.

Wir nahmen ein gerüttelt Maß an Feindseligkeit und Wut wahr, aber es fiel uns schwer herauszufinden, wer so wütend war oder wie wir helfen könnten. Bei unseren Recherchen am nächsten Tag stießen wir auf die schreckliche Geschichte eines Patienten in Waverly Hills, der unvorstellbare persönliche Verluste erlitten hatte. John Mitchell war wegen Tuberkulose im Krankenhaus, während seine Frau die sieben gemeinsamen Kinder versorgte. Sie hatte aber eine Affäre mit einem anderen Mann. Ihr Liebhaber schlug mitten in der Nacht in einem Lokal so heftig auf sie ein, dass sie ein schweres Schädel-Hirn-Trauma erlitt und starb. Ihr Leichnam wurde am folgenden Tag in einer Seitenstraße gefunden, die offizielle Todesursache lautete Hirnblutung, verursacht durch einen Hieb auf den Kopf. (Der Mann, der die Tat begangen hatte, wurde nicht für schuldig befunden, aber

Jahre später starb seine Frau auf die gleiche Weise. Damals wurde er verurteilt.)

Weil John Mitchell so schwer krank war, dass er mehrfach mit Unterbrechungen in Waverly Hills behandelt werden musste, hatte er schließlich keine andere Wahl, als den Staat zu bitten, für seine Kinder zu sorgen. Er kehrte in das Krankenhaus zurück und starb dort. Wir wissen nicht, ob er die Kinder jemals wiedersah oder was mit ihnen geschah.

Kannst du dir vorstellen, wie man sich fühlt, wenn man unheilbar krank ist, betrogen wird, den Ehepartner auf schreckliche Weise verliert und deshalb gezwungen ist, die eigenen Kinder freiwillig der staatlichen Fürsorge anzuvertrauen? Kein Wunder, dass er wütend war. Ebenso wenig verwundert es, dass er meinte, einen Grund zum Bleiben zu haben.

In der Annahme, mit John Mitchell zu sprechen, kehrten wir zu der Stelle im vierten Stock zurück, um weiterzuforschen, aber wer auch immer bereits anwesend war, wollte uns dort nicht haben. Adams SLS-Kamera schaltete sich viermal aus, obwohl sie voll aufgeladen war. Schließlich verzichtete Adam frustriert auf die Ausrüstung, und wir verließen uns nur noch auf unser Aufnahmegerät.

»Meine Frage an dich ist: Bist du oder weißt du, wer John Mitchell ist?«, fragte ich.

Mitchell, sagte er.

»Hast du das Gefühl, dass dir dein Leben genommen wurde?«

Ja!

Das klang heftig. Plötzlich kam aus dem Nichts eine Brise auf, nur in diesem einen Gang. Für eine Minute wurde es seltsam windig. Dann hörten wir Schritte im Korridor.

»John, bist du das? Wir wollen nur das Beste für dich«, sagte ich. »Wir wollen nicht, dass du hier bist ...«

In diesem Moment erschien etwas auf dem Flur. Es war ein Mann. Eine ganzkörperliche Erscheinung stand direkt vor uns. Sie erschien aus dem Nichts und verschwand blitzschnell wieder. Das war keine Schattengestalt gewesen, sondern eine Person.

So etwas hatte ich nicht mehr gesehen, seit ich ein Kind war. Das war ja wie im Horrorfilm! Ich hatte richtig Angst.

»So was kommt selten vor«, sagte Adam. »Äußerst selten.«

Als wir uns die Aufnahme anhörten, zuckte ich zusammen und sagte dann zu Adam: »Ach, du warst das. Du hast mich berührt.«

»Habe ich nicht«, sagte er. »Ich war die ganze Zeit hier drüben.«

Das war die intensivste und klarste Begegnung mit einem Geist, die ich seit vielen Jahren erlebt hatte.

Wir glauben, dass John Mitchell sich auf diese Weise zeigte, weil wir ihn mit seinem Namen angesprochen hatten – vielleicht zum ersten Mal seit seinem Tod – und weil wir wussten, dass er etwas unvorstellbar Schlimmes durchgemacht hatte. Als er sich zeigte, war es fast so, als wolle er sagen: *Ich bin hier, ihr habt recht, aber lasst mich jetzt in Ruhe.*

Am nächsten Tag erzählten wir Tina von John und seiner Geschichte. »Wenn du weitere Paraforscher herkommen lässt«, sagte ich, »dann solltest du sie auf ihn aufmerksam machen, denn je mehr sie mit ihm reden ...«

»Vielleicht kann er loslassen«, sagte Tina. »Ich werde versuchen, ihm zu helfen.«

»Das war gar nicht unsere Absicht, als wir reinkamen, aber die Sache entwickelte sich dazu«, sagte Adam.

»Nun, *sie* haben dafür gesorgt, dass das zu eurer Aufgabe wurde«, meinte Tina mit Blick auf die vielen Geister an diesem Ort. Wahrscheinlich wussten sie, dass er am meisten Hilfe brauchte.

Damals in Waverly Hills hatte ich wirklich eine Heidenangst. Aber das ist eine seltene Ausnahme, besonders jetzt. Die Leute fragen mich oft, warum ich so stark reagiere, wenn wir in der Sendung ein wichtiges Beweisstück einfangen. Ich sehe vielleicht ängstlich aus, aber ich bin in Wirklichkeit total aufgeregt. Stell dir vor, du sitzt vier Stunden lang im Dunkeln und hoffst, dass etwas passiert, und dann passiert es endlich. Da wärst du auch ziemlich aufgeregt, selbst wenn es nur eine Aufnahme wäre, auf der jemand sagt: *Hau ab!*

Ich habe nur selten Angst, wenn ich ermittle. Es gibt definitiv Momente, in denen ich mich grusle, aber das ist mehr so was wie Erstaunen und Aufregung. Für einen Moment stehe ich unter Adrenalin, aber dann schalte ich in den Forschungs- und Analysemodus um. Ich will das »Warum« herausfinden.

»Sobald du einen Job zu erledigen hast, wird dieser Mechanismus außer Kraft gesetzt. Du stellst den Panik-Schalter aus, weil du keine Angst mehr hast«, sagte Adam. »Im Grunde ist das ganz normal, wenn man sich mit Geistern beschäftigt. Wir flippen zwar manchmal ein wenig aus, aber das macht Spaß. Wenn man ein Ziel und einen bestimmten Fokus hat, rückt die Angst in den Hintergrund, weil der Job wichtiger ist. Es geht um die Suche nach Antworten, da kann die Angst keine Rolle spielen.«

Es gibt aber auch Ausnahmen, so wie in Waverly Hills. Einmal untersuchten Kris Williams und ich für *Ghost Hunters* ein Haus, und mitten im stockdunklen Keller sagte plötzlich eine tiefe, raue Stimme genau zwischen uns: *Helft mir!* Wir kippten beide schier aus den Latschen. Aber selbst das war mehr ein kleiner Schreck als eine echte Panik. So etwas passierte aber nur ein paarmal.

Wenn ein Zug kommt, der mich überfahren will, ist das auch beängstigend, selbst wenn es ein Geisterzug ist.

In der dritten Staffel von *Ruhelose Seelen* besuchten wir das Crocker-Tavern-Haus in Barnstable, Massachusetts, um die Aktivitäten zu untersuchen, die sich unter den neuen Hausbesitzern ereignet hatten. Das Gebäude war 1754 als Postkutschenhaltestelle und Gasthaus erbaut worden, wurde dann aber zu einem Museum und schließlich zu einem Wohnhaus umfunktioniert. Mit über 250 Jahren auf dem Buckel hatte das Haus einiges zu erzählen. Kate und ihr Mann Joe sahen einen dunklen Schatten, der sich ihrem Baby näherte. Andere Familienmitglieder hörten Schritte, und einige behaupteten sogar, von einem angeblichen Geist eingesperrt worden zu sein.

Zu Beginn unserer Untersuchung hörten wir den Namen *Willie* auf einer EVP-Aufnahme. Bei den weiteren Nachforschungen erfuhren wir noch mehr über diese Person. 1926 hatte sich nicht weit vom Haus entfernt ein schrecklicher Unfall ereignet: Ein Zug war mit einem Auto zusammengekracht. Zwei Frauen starben noch am Unfallort, eine weitere verstarb im Krankenhaus. Unter ihnen befand sich Wilhelmina Crocker.

»Gab es einen Autounfall?«, fragte Adam in dieser Nacht bei einem Versuch mit der Spirit-Box.

Beeil dich.

»Sich beeilen und was tun?«

Wo willst du hin?

»Gehörst du zu der Familie, die hier lebt?«

Eine andere.

Im Gespräch mit einem Familienforscher aus dem Hause Crocker hatten wir erfahren, dass eine Wilhelmina Jones neben dem Haus gewohnt und in die Familie Crocker eingeheiratet hatte. Es wäre logisch, dass sie in dieses Haus zurück-gekehrt ist, denn es kommt ihr bekannt vor. Es ist in dem Jahrhundert seit ihrem Unfall fast unverändert geblieben.

Um mit Wilhelmina zu kommunizieren, beschlossen wir, etwas auszuprobieren, was wir noch nie zuvor getan hatten: Wir wollten versuchen, den Unglücksort als Triggerobjekt zu verwenden, um dann Wilhelminas Aktivitäten im Haus auf-zuzeichnen.

Ich fuhr zu den Bahngleisen, und Adam blieb im Haus. Wir hatten uns überlegt, dass ich am Gleis die EVP-Aufzeich-nung durchführen sollte, während er im Haus die Spirit-Box abhörte. Auf diese Weise wusste beziehungsweise hörte keiner vom anderen, was er gerade tat.

»Amy ist da draußen bei den Bahngleisen«, sagte Adam. »Ist sie da auch sicher? Es gibt dort kein Signal, das Auto-fahrern anzeigt, wenn ein Zug kommt, und das ist wirklich beängstigend.« Nachdem er das gesagt hatte, begab er sich in einen anderen Raum. Auf dem Weg dorthin ging eine Lampe im Flur in einem intensiven Lichtmuster an und aus. Versuchte Wilhelmina, zu kommunizieren?

»Hallo? Ich weiß, dass es einen schrecklichen Unfall gab, und ich habe das Gefühl, dass einer von Ihnen vielleicht Hilfe braucht«, sagte ich bei den Gleisen. »Mein Freund ist gera-de im Crocker-Gasthaus. Er wartet auf Sie.«

Zur gleichen Zeit hörte Adam in der Geisterbox: *Hallo, ich bin hier draußen.*

»Warum sind Sie dorthin gegangen?«, fragte ich. »Wer war dort, der Ihnen helfen konnte?«

Hilf mir, hörte Adam. Dann ein Schrei in der Geisterbox.

»Können Sie etwas sagen, falls Sie hier sind?«, fragte ich. »Sprechen Sie einfach in dieses kleine rote Licht oder gehen Sie zu meinem Freund im Gasthaus, er heißt Adam.«

Adam hörte eine Explosion.

Da war definitiv etwas bei mir. Ich wusste nicht, ob es Restenergie von dem Unfall war, aber es behagte mir ganz und gar nicht. In diesem Moment gingen die Lichter und die Warnsignale an, als ob ein Zug käme. Ich wäre beinahe davongerannt. Das Team und ich liefen zum Wagen, aber ich wollte sehen, ob wirklich ein Zug käme. Wir warteten.

Nichts geschah.

Für mich war's das. Ich war fertig. Ich zitterte. Hatte Wilhelmina den Alarm ausgelöst? Wollte sie mich vor etwas warnen?

Obwohl ich vor Schreck schier gestorben wäre, war das Experiment ein Erfolg. Adam hörte die Antworten auf meine Fragen, und als ich wieder im Haus war, verglichen wir die Beweise miteinander. Wir beschlossen, noch einmal mit Willie Kontakt aufzunehmen.

»Ich bin zu dem Bahngleis gegangen, an dem Sie tödlich verunglückt sind«, sagte ich in einer EVP-Sitzung. »Haben Sie mich dort gesehen?«

Ja.

»Können Sie uns sagen, wer Clarence Shirley Crocker ist?«

Mein Ehemann.

»Seit Ihrem Tod sind fast hundert Jahre vergangen.«

Nein.

Wir staunten. Sie wusste also gar nicht, dass sie gestorben war. Ich kann mir beim besten Willen nicht vorstellen, beinahe hundert Jahre an einem Ort herumzuhängen, ohne Bescheid darüber zu wissen, was mit mir passiert ist oder warum. Wir mussten ihr die Wahrheit sagen.

»Können Sie das lesen? Ich habe Ihre Sterbeurkunde dabei und möchte sie Ihnen zeigen.«

Sterbeurkunde?

»Sagen Sie uns, was wir tun sollen.«

Ich gehe nach Hause.

»Mrs. Crocker, ich weiß, es ist hart für Sie, aber wir sorgen dafür, dass Sie nicht in Vergessenheit geraten, okay?«

Stille.

Als wir am nächsten Tag mit Kate und Joe sprachen, erzählte sie uns, dass auf Cape Cod mitten im Winter gar keine Züge fahren. Es sei ausgeschlossen, das Warnsignal für einen echten Zug zu hören.

Seit unserem Besuch in ihrem Haus haben sie noch kleinere Aktivitäten wahrgenommen – in so vielen Jahren kommt eine beträchtliche Zahl an Geistern zusammen –, aber nicht in dem Ausmaß wie vorher und auch nicht mehr so beängstigend. Wir hoffen, Willie hat wirklich das gemacht, was sie sagte: nach Hause zu gehen.

Der Geist und der Showrunner

Man könnte meinen, dass der Auftritt von John Mitchell in Waverly Hills das wichtigste Ereignis an diesem Abend war, aber das stimmt nicht. Während dies geschah, hatte unser ehemaliger TV-Showrunner Brian Garrity sein ganz persönliches Erlebnis, und wir wussten nichts davon.

Mitten in unserer Spirit-Box-Sitzung bekam Brian einen massiven Hustenanfall von all dem Staub und Schmutz in dem alten Gebäude. Wir hörten auf zu filmen, damit er etwas Zeit hatte, um sich zu erholen, aber es fiel ihm wirklich schwer zu atmen. Schließlich bat er uns, wieder anzufangen, aber er kämpfte immer noch mit dem Husten und tat alles, um ihn zu unterdrücken.

Doch wir erhielten so viel verrückte Aktivität, dass er nicht einfach damit aufhören konnte, alles mitzuschreiben.

Wir nahmen also all diese Antworten auf und hatten keine Ahnung, warum wir immer wieder *Helft ihm, helft ihm* hörten. Aber Brian wusste es, weil er beim Schreiben keine Luft mehr bekam, während er gleichzeitig mitschrieb, dass die Geister uns mitteilten, unser Freund brauche Hilfe.

In diesem Moment spürte er eine starke Hand auf seinem Rücken, fast so, als wollte ihm jemand helfen, mit dem Husten aufzuhören. Waverly Hills war ein Tuberkulose-Krankenhaus gewesen. Die Geister dort kannten solche Hustenattacken also.

Vielleicht ist das der Grund, warum wir John Mitchell allein kontaktieren konnten: Weil die anderen Geister damit beschäftigt waren, unserem Freund zu helfen.

Kapitel 10

Wenn's Geister gibt, dann wohl auch Bigfoot

Bei jedem unserer Strange-Escape-Events stellt John Tenney zu Beginn seines Vortrags drei Fragen: »Wie viele Leute hier im Raum glauben an Geister?« Die meisten heben ihre Hände. »Okay, und wie viele Leute glauben an Aliens?« Etwas weniger Hände gehen nach oben. »Tja, und wie viele von euch glauben an die Existenz von Bigfoot?« Nur ein paar Hände werden erhoben.

Als Grund für seine Fragen gibt er an, dass es ihn als Paraforscher interessiere, warum Menschen an die Dinge glauben, die sie glauben.

»Meine erste Frage lautet: ›Glauben Sie an Geister? Glauben Sie, dass jenseits des biologischen Reichs eine Existenz, ein Bewusstsein und eine Persönlichkeit existieren?‹ Und die Mehrheit von ihnen bestätigt das«, sagte er bei unserer letzten Veranstaltung im Mount-Washington-Hotel. »Und dann fragte ich sie: ›Glauben Sie an Außerirdische? Glauben Sie, dass da draußen Leben entstanden ist, sich entwickelt und entfaltet hat, Technik erfunden hat, die tiefe Schwärze der Unendlichkeit des Kosmos durchquert und uns hier auf diesem winzig kleinen Nebenplaneten mitten in der Galaxie entdeckt hat?‹ Und die meisten von ihnen sagten: ›Ja.‹ Und ich fragte, ob Sie glauben, dass es ein Tier gibt, das wir noch nie gesehen haben … Die Leute zuckten mit den Schultern und lachten: ›Nein, das ist albern.‹ Aber das Dritte ist genau das, was von allen drei Möglichkeiten am wahrscheinlichsten ist, und das finden die Leute am albernsten.«

Die Zahl der zustimmenden Antworten auf die drei Fragen ist jedes Mal gleich. Das verblüfft mich stets aufs Neue, auch wenn ich darüber schon lange nicht mehr wirklich staune. Wenn man so offen und interessiert an paranormalen Phänomenen ist, dass man zu einer Wochenendveranstaltung anreist, um mehr darüber zu erfahren, warum klingt dann die Idee, dass es noch weitere mögliche paranormale Erscheinungen gibt, so unwahrscheinlich? Bis vor ein paar Jahren hätte ich wahrscheinlich die gleichen Antworten gegeben wie die meisten in der Gruppe, aber seit ich angefangen habe, über den Tellerrand der Geisterforschung hinauszuschauen, lernte ich viele interessante Verbindungen und Ideen kennen, die wir ebenfalls berücksichtigen sollten.

Ich sage das nicht, weil ich Andrea Perron, die älteste Tochter der Familie, die das Vorbild für den Film *Conjuring – Heimsuchung* war, dabei beobachtete, wie sie Ufos auf die Erde rief. Ausgehend von Johns Umfrageergebnissen, rufen an dieser Stelle jetzt weniger als die Hälfte der Leser: »So ein Blödsinn!« Aber ich versichere dir, dass ich das tatsächlich miterlebt habe, und es ist genauso verrückt, wie es dir jetzt vielleicht vorkommen mag. Zusammen mit einigen anderen Leuten gingen Andrea und ich auf das Deck der *Queen Mary*, und sie fing an, zum Himmel zu singen. Plötzlich, mitten im dicksten Nebel, in dem keine Sterne zu sehen waren, tauchten überall schmale Lichtblitze auf. Ich flüchtete zurück ins Haus. Ich habe zwar keine Angst vor Geistern, aber Außerirdische machen mir Angst bis ins Mark hinein.

Die Sache ist, und ich werde das so lange sagen, bis ich selbst ein Geist bin: Es gibt keine eindeutige Antwort, wenn es um das Paranormale geht. Es gibt keinen verbindlichen Leitfaden dafür, was richtig und was falsch ist, welche Dinge, die wir als Geister bezeichnen, in Wirklichkeit Teil der Tierwelt sind, oder welche Elemente des Lebens auf der Erde eigentlich gar nicht von diesem Planeten stammen. Ich habe schon Theorien gelesen, dass Bigfoot der Geist eines Neandertalers und das Ungeheuer von Loch Ness der Geist eines Dinosauriers seien.

Vielleicht hört sich das für dich verrückt an, aber mal ehrlich, wer kann mit Sicherheit sagen, dass diese Theorien falsch sind? Wenn du glaubst, man müsse eine Seele haben, um ein Geist zu werden, schließt das dann automatisch jedes Lebewesen, das nicht menschlich ist, von einer möglichen Existenz als Geist aus? Wir können nicht mit Sicherheit sagen, ob Tiere eine Seele haben oder nicht, aber wenn du jemals einen Hund hattest, der intuitiv wusste, dass du traurig bist, und dir an einem Tag, an dem du es wirklich gebraucht hast, eine Extraportion Liebe schenkte, kennst du wahrscheinlich schon deine eigene Antwort auf diese Frage. (Ich habe auch schon EVP von einer schnurrenden Katze bei einer Hausuntersuchung in Keene, New Hampshire, erhalten, das ist also auch eine Antwort.)

Das Gleiche gilt übrigens auch für unsere Vorfahren, die vor dem Homo sapiens lebten. Wissen wir wirklich sicher, dass diese Wesen nicht zu Geistern wurden? Lass die Frage nach der Seele für eine Sekunde beiseite, und denk darüber nach, welche anderen Eigenschaften notwendig sein könnten, damit ein Lebewesen ein Geist wird. Vielleicht sind diese erforderlichen Faktoren Intelligenz, Bewusstsein und Selbstbewusstsein. Soweit wir wissen, hatten die Vorfahren des modernen Menschen diese Eigenschaften. Ich halte es also für plausibel, dass die Neandertaler genauso zu Geistern wurden wie wir heutigen Menschen.

Vielleicht liegt es aber auch daran, dass ich mir ziemlich sicher bin, einen Bigfoot gesehen zu haben, als ich noch ein Kind war. Als ich etwa zehn Jahre alt war und in Petaluma, Kalifornien, lebte, verbrachten meine Geschwister, ich und unsere Freunde die Zeit damit, die Wälder rund um unser Haus zu erkunden. Unsere Eltern sagten: »Geht spielen, und kommt nicht zurück, bevor es dunkel ist.« Erinnerst du dich daran, dass das in den Achtzigerjahren noch möglich war, und es war völlig okay?

Eines Abends in der Dämmerung liefen wir durch ein Feld auf der gegenüberliegenden Straßenseite von unserem Haus. Ich kannte dieses Feld wie meine Westentasche: Das Gras war so hoch, dass es uns weit überragte, und es gab ein trockenes Bachbett, dem wir folgten und das uns bis zu einem kleinen Hügel führte. Von da oben hatten wir freie Sicht über den Wald und auf eine noch höhere Erhebung. Als wir den Hügel erklommen hatten, erstarrten wir.

Vor uns stand eine riesige Kreatur. Sie war vielleicht zwei Meter fünfzig groß und so weiß, dass sie fast durchsichtig wirkte. Und sie kam genau auf uns zu. Keiner von uns sagte ein Wort. Wir drehten uns um und rannten weg, so schnell wir konnten – die panischste Flucht, die man sich vorstellen kann –, bis wir wieder beim Haus waren.

»Was war das?«, fragte ich, als ich wieder Luft bekam. Mein Bruder antwortete: »Ich habe keine Ahnung.«

Ich weiß, was du jetzt denkst. Jedes Mal, wenn ich diese Geschichte erzähle, fühle ich mich genauso verrückt, wie ich klinge.

Das war eines dieser Erlebnisse, die uns so sehr erschreckten, dass wir nie wieder darüber sprachen. Fünf oder sechs Jahre später war ich in der Highschool und hing in dieser Konzerthalle in Petaluma herum, die *Phoenix Theater* heißt. (An diesem Ort spukt es so gewaltig, dass die Rockband AFI einen Song über die Geister im Theater schrieb, und ein Sicherheitsmann sah angeblich einmal einen kleinen Geisterjungen hinter der Bühne. Ich habe es viele Male untersucht.) Ich ging dort mit all den anderen eigensinnigen Sonderlingen hin, die nach der Schule einen Ort zum Abhängen suchten, und der Betreiber hielt die Halle nachmittags für uns geöffnet.

Eines Abends stand ich zusammen mit meinen Freunden vor der Tür, als ein Junge, den wir kannten, schwitzend und keuchend den Weg herunterrannte. Er war völlig außer Atem und brachte kein Wort hervor. Schließlich erzählte er uns, er käme aus dem Wald beim Friedhof – dem in der Nähe unseres Hauses – und habe dort eine riesige, seltsame, weiße Kreatur gesehen. Ich hatte nie irgendjemandem von dem Erlebnis von vor fünf Jahren erzählt. Mein Bruder kannte den Jungen nicht, und die Freunde, die damals mit uns dort gewesen waren, waren längst weggezogen. Doch seine Beschreibung entsprach genau dem, was uns Jahre zuvor begegnet war.

Ich bekam schon bei der Erinnerung an diese Kreatur eine Gänsehaut. Meine Freunde wollten sofort hinlaufen und sie auch sehen. Obwohl ich eigentlich nicht wollte, ging ich mit. Wir sprangen über den Zaun in den Friedhof und nahmen die Abkürzung auf die andere Seite des Waldes. Während der ganzen zwanzig Minuten, die wir unterwegs waren, blieb der Junge bei seiner Beobachtung. Er wiederholte immer wieder das Gleiche und war sichtlich aufgeregt. Irgendwann sagte er, dass er nicht mehr weitergehen wolle. Er hatte zu viel Angst und rannte nach Hause.

Wir gingen bis zu der Stelle, wo er das Wesen entdeckt hatte. Wir hörten laute Schritte – sie kamen erst von der einen und dann von der anderen Seite, viel zu schnell, als dass jemand unbemerkt hätte hin- und herlaufen können –, aber wir sahen die Kreatur nicht. Jahre später hielten Greg und Dana Newkirk einen Vortrag im Mount-Washington-Hotel über ihre Theorie, dass Bigfoot ein multidimensionales Wesen ist. War er an diesem Tag etwa in diesem Wald unterwegs gewesen? Wer weiß das schon?

Für mich gibt es zu viele Berührungspunkte zwischen den verschiedenen Bereichen der paranormalen Forschung, um sagen zu können, dass einige real sind und andere nicht. Ich sah zu viele Übereinstimmungen, um mit Sicherheit zu behaupten, dass es nur Geister gibt und nichts anderes sonst. Denk an die Untersuchung in Pennsylvania, bei der der Sohn der Hausbesitzerin Catherine, der im Säuglingsalter gestorben war, als Dreiunddreißigjähriger in ihrem Haus erschien. Catherine erzählte uns auch von Ereignissen, die sich auf unheimliche Weise wie eine Entführung durch Außerirdische anhörten. Es wurde nicht im TV ausgestrahlt, aber sie sagte, sie sei mehrfach aufgewacht und habe etwas wie eine große Lichtkugel gesehen sowie zwei Kristalle, die unterhalb der Kugel hervorkamen. Ihr Haus wurde definitiv heimgesucht, aber es schien, als ob dort auch noch etwas anderes vor sich ging.

Viele Spukgeschichten, die ich hörte, klingen für mich nach einer außerirdischen Begegnung oder als ob sie Elemente anderer Phänomene enthalten. Aus diesem Grund glaube ich nicht, dass es strikte Grenzen zwischen den einzelnen Richtungen gibt. Meiner Meinung nach ist die Welt mehr miteinander verbunden, als wir wissen, und deshalb kann man nicht an das eine glauben und das andere ausschließen. Es gibt viele Phänomene, die sich auffallend ähneln. Warum solltest du nicht an so etwas wie einen Kryptiden (eine Kreatur wie Bigfoot) oder an Ufos glauben, wenn du dafür offen bist, die Existenz von Geistern für möglich zu halten? Für mich sind Außerirdische sogar noch wahrscheinlicher als Geister. Obwohl ich an sie glaube und sie erforsche, würde ich auf jeden Fall außerirdische Wesen wählen, wenn ich mich für eine Erscheinung entscheiden müsste, die absolut sicher existiert.

Übersinnliche Fähigkeiten sind für mich eine Tatsache, auch wenn viele Menschen sie bezweifeln. Du sagst, du glaubst an Geister, aber nicht, dass jemand ausgeprägte mentale Fähigkeiten haben könnte? Es fällt mir schwer, das nachzuvollziehen.

»Die erste Abhandlung über Orbs stammt von Bruce Maccabee«, sagte John in demselben Vortrag. Maccabee war ein Ufo-Forscher und ein Physiker für optische Messtechnik. »Als die Digitalkameras aufkamen, sahen Ufologen überall Orbs. Er war der Erste, der publizierte, wie man mithilfe von Staubkörnchen und Hundehaaren Orbs reproduzieren kann.«

So wie Orbs zuerst mit Aliens in Verbindung gebracht wurden, so verhält es sich auch mit den Spirit-Boxen. Frank Sumption erzählte, dass ihm die technischen Daten für den ersten Prototyp seiner Box von Außerirdischen selbst übermittelt worden waren. Vor Jahren arbeitete ich während einiger paranormaler Ereignisse im Stanley-Hotel mit Frank zusammen. Er war ganz begeistert, dass Paraforscher so interessiert an seinen Erfindungen waren. Frank weigerte sich, dafür Geld anzunehmen, und gab sie nur an Leute weiter, denen er vertraute, deshalb gibt es so wenige von ihnen.

Eines Abends demonstrierte er einer Gruppe von uns in einem der kleineren Zimmer die Box. Plötzlich hörten wir aus der Box immer wieder meinen Namen. *Amy, Amy, Amy.* Frank sah mich an und sagte: »Siehst du? Sie mögen dich.« Ich weiß nicht, ob es Geister oder Außerirdische waren, aber irgendetwas schien sich zu freuen, mich zu sehen.

»Wenn man nur in eine Richtung denkt und sich ausschließlich auf eine Sache konzentriert, ohne das große Ganze zu betrachten, übersieht man leicht die Parallelen und die Verbindungen zwischen den einzelnen Dimensionen des Übernatürlichen, die neue Denk- und Diskussionsansätze eröffnen könnten«, sagte Greg Newkirk. Er und Dana verfolgen bei ihren Untersuchungen einen multidisziplinären Ansatz und wenden oft Erfahrungen aus mehreren Fachgebieten auf einen Fall an. Ihre Show *Hellier* beginnt als paranormale Untersuchung von Kobolden und steigert sich dann zu einer Suche nach Aliens und antiken Göttern.

»Die Leute stecken in ihrer eigenen Auffassung dessen fest, was sie für Spuk halten«, fügte er hinzu. »So wollen die Geisterjäger nicht über Außerirdische reden. In Wirklichkeit handelt es sich aber wahrscheinlich nur um verschiedene Bezeichnungen für dieselben Dinge. Man kann sie ›Geister‹ nennen, ›Dämonen‹, ›Aliens‹, ›Bigfoot‹ – was immer man will.«

Die Newkirks entwickelten die für sie typische Form des vernetzten Denkens aufgrund ihrer Erfahrungen mit Menschen, die denken, von Außerirdischen entführt worden zu sein oder Kryptiden gesehen zu haben. »Bei unserer Untersuchung von Geistern erkannten wir, wie wertvoll es ist, mit Leuten zu sprechen, die glauben, von Außerirdischen entführt worden zu sein«, sagte Greg. »Es gibt so viele Überschneidungen, die aber nie thematisiert werden, weil die Spezialisten in den einzelnen Bereichen sich nicht untereinander austauschen wollen. Aus diesem Grund wurde es zu unserer Leidenschaft, die Gemeinsamkeiten herauszufinden. Erleben Menschen, die sich mit Ufos beschäftigen, die gleichen Situationen wie Paraforscher? Wo sind die Querverbindungen, und wie können wir sie zueinander in Beziehung setzen?«

Was ein Paraforscher wahrnimmt, hängt von seiner jeweiligen kognitiven Verzerrung ab, wie man systematische fehlerhafte Tendenzen bei der Verarbeitung von Informationen bezeichnet. Man findet immer genau das vor, nach dem man sucht. »Die variablen Faktoren entfallen hauptsächlich auf zwei wichtige Bereiche«, sagte Loren Coleman, ein führender Forscher der Kryptozoologie. »Diejenigen, die Phänomene erleben, und diejenigen, die sie erforschen. Je nach Hintergrund, Sichtweise und den vorhandenen Erfahrungen der Einzelnen kann ein Geräusch im Wald im Extremfall als ein unbekannter Kryptoide (wie Bigfoot, eine geheimnisvolle Katze, Dogman und so weiter), ein Geist, ein Dämon oder ein Serienmörder gedeutet werden. An dieser Stelle kommen das Selbstverständnis und die individuelle Sichtweise eines Forschers ins Spiel. Je mehr er sich spezialisiert hat, desto gezielter wird seine Untersuchung ausfallen. Jemand, der eine Struktur von unbekannter Herkunft vor sich hat, wird in seinem eigenen Interessensgebiet nach einer Erklärung dafür suchen. Ein Ufo-Forscher würde sich eine Fundstelle unter dem Gesichtspunkt ansehen, ob sie von einem Außerirdischen stammt. Ein Archäologe, der querdenkt, könnte Wikinger oder Entdecker aus der Megalithkultur in Betracht ziehen. Ein anderer diskutiert über Freimaurer und die Illuminaten.«

Die Newkirks sehen mehr Zusammenhänge in diesen Bereichen als Unterschiede. »Es gibt etwas viel Größeres und Seltsameres als nur einen großen, haarigen Affen, einen Außerirdischen oder einen Geist«, sagte Greg. »Es geht darum – und genau das versuchen wir –, die Ursache dafür herauszufinden. Ich denke, es hat mit dem Bewusstsein zu tun.«

»Wir erinnern die Leute immer daran, dass ihre Erfahrungen völlig in Ordnung sind«, sagte Dana. »Wir haben im Moment vielleicht keine Antworten, aber das schmälert nicht die Tatsache, dass man auf legitime Weise etwas Bizarres erlebt hat. Anstatt sich vor diesen Dingen zu fürchten oder sich dafür zu schämen, werden wir, je mehr wir die Welt neu definieren und das Staunen zurückbringen können, diese Erfahrungen als etwas Schönes und Positives betrachten und nicht als beängstigend, böse oder irreal.«

Die dunkelsten Ecken auf der *Queen Mary*

Heutzutage steht man im Management der *Queen Mary* so zu den Spukereignissen auf dem Schiff, dass Geistertouren angeboten und sogar gruselige Halloween-Events tief unter der Wasserlinie, im Kesselraum, veranstaltet werden.

Das war allerdings nicht immer der Fall.

In meinen frühen Tagen als Paraforscherin habe ich bei einem paranormalen Event auf dem Schiff geholfen. Ich war mit Britt Griffith, meiner ersten Untersuchungspartnerin, unten im Kesselraum, um ihn für eventuelle spätere Ermittlungen durch andere Leute zu sichten. Heute ist der höhlenartige Raum neu gestaltet. Es gibt gut beleuchtete Rundgänge durch das Innere des Schiffes, aber unter Untersuchungsbedingungen ist im Kesselraum gerade genug Licht, um die höher gelegenen Laufstege zu beleuchten und trotzdem angemessen gruselig zu wirken.

Damals war es dunkel, alles war verfallen und geradezu unheimlich.

Wir schauten plötzlich in dieselbe Richtung, und selbst im schwachen Schein unserer Taschenlampen sahen wir beide einen Mann, der hier unten mit uns im Kesselraum war.

Aber es war kein vollständiger Mann.

Ich konnte sehen, dass er eine Art Arbeitsanzug trug, etwas wie eine Latzhose, außerdem einen Arm, seinen Oberkörper und einen Teil seines Kopfes. Es war definitiv ein Geist, aber nur ein Teil von ihm.

Ich packte Britt am Arm. »Was war das?«, fragte ich. »Hast du das gesehen?« Britt nickte. Wir verglichen unsere Aufzeichnungen und stellten fest, dass wir beide dasselbe Wesen beobachtet hatten.

Über ein Jahr später fand ich heraus, dass es in diesem Raum einen Geist namens Henry gab. Er hatte im Kesselraum gearbeitet, und seine Überreste waren angeblich im Boden des Schiffsrumpfs gefunden worden. Sein schwebender halber Oberkörper und sein halber Kopf werden zuweilen in diesem Raum gesichtet. Manche vermuten, dass Henry aufgrund einer Verletzung so erscheint, aber es könnte auch einfach sein, dass er nicht genug Energie hat, um sich in voller Körpergröße zu zeigen. Vielleicht mag er es auch einfach nicht. Wir wissen es nicht genau.

Kapitel 11

Es braucht eine (gespenstische) Community

Wie du bestimmt schon bemerkt hast, enthält dieses Buch zahlreiche Informationen von anderen Experten. Ich finde nämlich, dass ich nur auf diese Weise das bestmögliche Ergebnis erreichen kann. Die Arbeit in und mit einer größeren Community, vor allem mit Leuten, die die Regeln der traditionellen Untersuchungsmethoden überschreiten, beeinflusste mich tief greifend, nicht nur in der Art und Weise, wie ich in der TV-Sendung vorgehe, sondern auch, wie ich über das Paranormale als Ganzes denke.

Ich habe schon so oft erlebt, dass der Input von anderen oder ihr Wissen über ein spezielles Thema der Schlüssel zur Lösung eines Falles war (zum Beispiel Dana Newkirk und ihre Tarotkarten in Connecticut in Kapitel 7; John Tenneys herausragende Recherchefähigkeiten im Odd Fellows Home auf dem Weingut Belvoir in Kapitel 6; Chip Coffeys übersinnliche Fähigkeiten in, ach, jedem Fall, in dem wir ihn jemals um seine Mitarbeit baten).

Mir ist es sehr wichtig, in der Sendung und bei den Strange-Escapes-Events andere Fachleute zum jeweiligen Thema mit einzubeziehen. Ich habe das Gefühl, dass weitere Experten das Erlebnis für alle, mich eingeschlossen, noch vertiefen. Ich genieße es, etwas über die Fälle anderer Leute und ihre kreativen Untersuchungsmethoden zu hören. Nicht nur mir macht es großen Spaß, ihre Sicht der Dinge zu erfahren, auch allen Zuschauern oder Teilnehmern. Selbst wenn du noch nie an einer paranormalen Untersuchung teilgenommen hast: Denk einfach darüber nach, wie anders es wäre, allein in ein Spukhaus oder in einen Escape Room zu gehen statt mit einer Gruppe von Freunden. Klar, es würde auch solo Spaß machen, aber es ist noch viel lustiger, wenn du mit Leuten zusammen dort bist und ihr hinterher darüber reden könnt.

»Ich versuche, ein paar seltsame Samen in eure Gehirne zu streuen und neue Gedanken über Phänomene und eure schon vorhandenen Ansichten wachsen zu lassen«, sagte John bei seinem Vortrag im Mount-Washington-Hotel. »Ich möchte einfach eine besser informierte, merkwürdigere und verrücktere Community schaffen. Ihr könnt über sonderbare Ereignisse nachdenken, sie zu mir bringen, und dann diskutieren wir und entwickeln gemeinsam neue Ideen, was wir allein nicht schaffen würden.«

Es braucht also wirklich eine Community – wenn auch eine gespenstische –, um die Art von Arbeit zu machen, wie ich sie tun möchte. Zusammenarbeit ist der Schlüssel, wenn wir das Gespräch über das Paranormale vorantreiben und neue Wege finden wollen, um mehr über ein anspruchsvolles und manchmal umstrittenes Thema zu erfahren.

Im Oktober 2019 nahmen die Macher von *Ruhelose Seelen* teil an *Haunted Salem: Live,* ausgestrahlt auf Travel Channel.

Während dieses live übertragenen TV-Events arbeiteten drei paranormale Teams aus verschiedenen Serien des Senders zusammen, um eine umfangreiche Untersuchung der Stadt Salem, Massachusetts, durchzuführen. Dort waren während der Hexenprozesse von 1692 mehr als zweihundert Menschen der Hexerei beschuldigt worden. Neunzehn von ihnen wurden gehängt und einer, Giles Corey, unter einem Steinhaufen zerquetscht. Adam, Chip und ich untersuchten das John-Proctor-Haus, in dem einer der Männer gelebt hatte, die fälschlicherweise der Hexerei beschuldigt und hingerichtet wurden. Der Cast von *Ghost Brothers* untersuchte das alte Stadtgefängnis, in dem Giles Corey inhaftiert war, während sich der Cast von *Pforten zur Schattenwelt* ein Spukrestaurant vornahm, das auf dem Gelände einer ehemaligen Kirche steht, in der die Angeklagten vor ihrer Hinrichtung exkommuniziert wurden.

Anstatt einfach nur das John-Proctor-Haus zu untersuchen, wollten Adam und ich etwas ganz Neues unternehmen, das wir noch nie zuvor ausprobiert, geschweige denn jemals im Fernsehen gesehen hatten. Wir holten Greg und Dana Newkirk zu uns ins Haus, um ein Experiment mithilfe fokussierter Energie und Gedankenkraft durchzuführen, bei dem magische Rituale mit paranormalen Untersuchungen verbunden werden sollten. Gleichzeitig baten wir die Zuschauer zu Hause, uns dabei zu helfen. Ziemlich cool, oder? Doch wir sind noch nicht einmal zu dem Teil mit dem Tarotdeck gekommen.

Ein solches Experiment in seiner einfachsten Form besteht darin, dass eine Gruppe von Menschen die gebündelte Kraft ihrer Intentionen nutzt und beobachtet, was passiert. Es wird viel darüber geredet, ob das wirklich funktioniert, aber für mich ist das alles Spekulation. Wir können die Intention in Bezug auf das Ergebnis nicht messen, aber ich habe viele interessante Dinge beobachtet, wenn sich eine Gruppe von Menschen zusammenfand und gemeinsam ihre Gedanken auf etwas fokussierte.

Wenn sich eine große Gruppe paranormaler Enthusiasten zusammenfindet, ist das eine gute Gelegenheit, um so ein Experiment durchzuführen und die Ergebnisse zu beobachten. Es ist kein wissenschaftliches Experiment – es gibt keine Möglichkeit, die Intention wissenschaftlich zu messen –, aber es ist trotzdem interessant zu sehen, was geschieht. Bei einer Strange-Escapes-Kreuzfahrt sind wir zum Beispiel durch das Bermudadreieck gesegelt und haben alle, die mitmachen wollten, an Deck gebeten, um unter der Leitung von John und Dana an einem Versuch teilzunehmen. (Das sagt viel über unsere Teilnehmer aus, denn während die meisten Leute ausflippen würden, wenn sie durch einen mysteriösen und gefährlichen Teil des Meeres segeln, war fast jeder »Escapee« der Meinung: »Yeah! Lasst uns was Verrücktes im Triangle machen!«)

Es war eine bewölkte Nacht, und das Meer war ruhig. Als alle an Deck waren, gab Dana jeder Person einen Kristall, um die Intention zu fokussieren, und John bat die Leute, sich ruhig auf das zu konzentrieren, was sie in ihrem Leben behinderte. »Stellt es euch wie einen hellen Stern vor«, sagte er, »und werft ihn ins Meer.«

Genau in diesem Moment riss die Wolkendecke auf, der Mond schien auf die Gruppe herab, und »innerhalb weniger Augenblicke«, so John, »war das Schiff übersät mit wirklich wunderschönen, farbenfrohen Libellen«. In den nächsten Tagen kommentierten Leute auf der Kreuzfahrt, die gar nicht zu unserer Gruppe gehörten und daher gar nicht wussten, was wir erlebt hatten, wie die Libellen aufs

Schiff geflogen waren. Viel mehr Menschen als nur unsere »Escapees« wurden Zeugen dieses Ereignisses.

Allerdings waren wir viel zu weit draußen auf dem Meer, als dass Libellen uns vom Land aus hätten erreichen können. Als wir in den Hafen zurückkehrten, begannen wir alle, über Libellen zu recherchieren, um herauszufinden, ob wir vielleicht in eine Wanderroute hineingeraten waren. Wir fanden aber heraus, dass Libellen zu dieser Jahreszeit nicht wandern und auch nicht über dem offenen Meer schwärmen. Es gab keine vernünftige Erklärung für das, was geschehen war.

»Libellen sind eine Erinnerung an Veränderung und Wachstum«, sagte John. »Winzige Larven wachsen in Teichen heran und entwickeln sich zu diesen wunderschönen, durchsichtigen Geschöpfen. Es war ein Weg, um den Menschen zu zeigen, dass Veränderung stattfindet, und sie wollten Teil dieser Erfahrung sein.«

Die Libellen waren bei Weitem nicht das einzige unerklärliche Phänomen. Wir hatten einige wirklich schöne Erlebnisse auf Hawaii, wo uns der einheimische Guide »Onkel« Joe Espinda jr. auf Wanderungen zu heiligen Stätten mitnahm. Er führte Rituale mit Gesängen und Gebeten durch und leitete uns bei Meditationen an. Ich kann nicht für die persönlichen Gefühle anderer sprechen, aber diese Momente waren für mich erleuchtende, spirituelle Erfahrungen, bei denen ich mich eins mit der Insel fühlte und das Gefühl hatte, dass ich mich mit Energien verband, die stärker waren als ich.

Mit *Haunted Salem* hatten wir die Möglichkeit, uns in Echtzeit mit der bisher größten Gruppe von Menschen zu verbinden, die interessiert am Paranormalen waren, und wir wollten mit dem Experiment, das Greg und Dana vorgeschlagen hatten, etwas besonders Einzigartiges und Außergewöhnliches durchführen. Neben den beiden nahmen

Adam, Chip und ich daran teil. Dana wollte einige magische Rituale zelebrieren, während Greg ein Symbol zeichnete, das als eine Art Tür zur anderen Seite dienen sollte. Die Energie und die Intentionen der Zuschauer zu Hause würden unsere Energie erhöhen und dadurch die Wirkung unserer Untersuchung verstärken. Da dies an einem der am engsten mit der Hexerei verbundenen Orte der Welt geschah, hatten wir das Gefühl, dass es von außerordentlicher Bedeutung sein könnte, Magie mit ins Spiel zu bringen.

Dana zog einen Hexenkreis, einen heiligen Bereich, um die Energie zu erhöhen und zu halten. Sie bat uns, eine Kugel um uns herum zu visualisieren, und sprach: »Erde ist mein Körper, Luft ist mein Atem, Feuer ist mein Geist, Wasser ist mein Blut. Ich schließe den Kreis in vollkommener Liebe und vollkommenem Vertrauen. So möge es sein.« Nachdem der Kreis gezogen war, hielten wir uns bis zum Abschluss des Rituals darin auf. Der Kreis diente auch als Schutz für uns gegen negative Energien.

Dann zeichnete Greg das Symbol mit heiliger Tinte. »Dieses Symbol ist ein bewegliches Tor zu den Toten«, sagte er. Das Symbol wurde mit dieser Intention geschaffen. »Dieser Bereich ist eine Tür für die Toten«, sagte er und schrieb die Konsonanten nieder, um die Intention zu visualisieren. Das magische Symbol sollte uns dabei helfen, uns mit der geistigen Welt zu verbinden und mit ihr zu kommunizieren, aber wir brauchten Unterstützung, um das Symbol mit Energie aufzuladen. Deshalb baten wir die Zuschauer zu Hause, sich auf das Symbol zu konzentrieren, ihre ganze Energie und Intention darauf zu richten, es sogar zu Hause zu zeichnen, wenn sie wollten.

Währenddessen machte ich einen Versuch mit einer original Frank's Box. Die Energie im Raum war so hoch, dass ich mich ganz kribbelig fühlte, aber ich fing an. Noch bevor mir jemand eine Frage stellte, hörte ich: *Hi.*

»Wer ist hier bei uns?«, fragte Adam.

Meine Familie.

»Wie viele von euch sind hier?«

Chip fragte: »Wie heißt du?«

Ich kann dich nicht hören.

Adam wandte sich an die Zuschauer zu Hause: »Konzentriert euch alle auf die Tür, konzentriert euch darauf, die Tür zu öffnen.«

»Stört dich dieses Symbol?«, fragte Chip.

Bring mich nach Hause. Geh weg.

»Es tut uns leid, aber wir werden uns hier eine Weile aufhalten«, sagte Adam. »Kannst du uns deinen Namen sagen? Bist du Giles Corey?«

Meine Kinder.

»Bist du John Proctor? Elizabeth?«

Messer.

»Wer hatte ein Messer?«, fragte Chip.

Mit dem Tod Geld verdienen.

»Wurdest du beschuldigt, eine Hexe zu sein?«

Der Dachboden.

»Kannst du uns einfach sagen, wie alt du bist?«, fragte Adam. »Bist du ein Kind?«

Das ist es.

»Okay, aber wer ist da? Was ist da?«

Die Menschen. Dachboden.

Während dieser Ereignisse berichtete James McDaniel, der parallel zur Sendung die Reaktionen in den sozialen Medien auswertete, dass der Respons auf das Symbol sehr stark sei. »Menschen im ganzen Land melden Kopfschmerzen, ein Engegefühl in der Brust, Rauchgeruch und sind überzeugt, dass es von ihrer Konzentration auf das Symbol kommt«, sagte er und zitierte einen Kommentar: »Ich habe mich noch nie von etwas im Fernsehen so beeinflusst gefühlt.« Die Wirkung wurde so intensiv, dass die Produzenten den Co-Moderator Dave Schrader baten, jetzt einzugreifen und den Leuten zu erklären, wie sie das Symbol schließen konnten – indem sie es auf den Kopf stellten –, damit sie die Energie zu Hause unter Kontrolle zu bringen vermochten.

Die Energie im Haus war förmlich zu greifen. Wir konnten alle spüren, wie sie um uns herumwaberte, und die Temperatur im Raum war dramatisch gesunken. Dana öffnete den Kreis. »Stellt ihn euch wie einen Damm vor«, sagte sie. »Die ganze Energie, die wir darin aufgestaut haben, strömt jetzt durch das Haus.«

Wir untersuchten den Dachboden, aber wir fanden die Personen nicht vor, von denen der Geist, den ich channelte, immer noch sprach. Also gingen wir wieder nach unten und setzten uns alle um den Esszimmertisch herum, wobei sich unsere Hände berührten. Es war Zeit für Chip, eine Séance zu beginnen.

Durch das Experiment war so viel Energie im Raum, dass wir buchstäblich spüren konnten, wie der Tisch unter uns summte, fast als wäre er elektrisch geladen.

»John Proctor, wenn du in diesem Raum bist, komm und sei jetzt mit uns in diesem Kreis«, sagte Chip. »Wir wissen, dass du eine sehr interessante Geschichte in dieser Stadt erlebt hast. Und wir wollen mehr über dich erfahren und vielleicht einige der Dinge, die uns überliefert wurden, korrigieren oder bestätigen.«

Der Tisch vibrierte so stark, dass er hin und her schaukelte. Chip, der versuchte, mit den Geistern im Haus in Kontakt zu treten, erhielt keine Antwort.

»Chip?«, fragte ich. »Geht es dir gut?« Er reagierte nicht. Wir riefen laut und fuchtelten mit den Händen – nichts. Erst als Adam ihm einen leichten Klaps auf die Wange gab, kam er wieder zu sich.

»Mehr Gewicht«, sagte Chip. Er sprach dieselben Worte, die Giles Corey unter der Folter ständig wiederholt hatte. Er wurde unter schweren Steinen zu Tode gequetscht, denn im Gegensatz zu den Menschen, die verurteilt und gehängt wurden, weigerte sich Corey, ein Geständnis abzulegen, und konnte daher nicht vor Gericht gestellt werden. Die Folter war ein Versuch, ihm ein Geständnis zu entlocken, nicht, um ihn zu töten.

Auf jede Frage des Sheriffs wiederholte Corey: »Mehr Gewicht.« Nach drei Tagen der Höllenqualen starb er. Es heißt, seine letzten Worte seien gewesen: »Verdammt seist du. Ich verfluche dich und Salem!«

Als Chip *Mehr Gewicht* hörte, wusste er, mit wem er es zu tun hatte, und das war definitiv nicht John Proctor in seinem eigenen Haus. »Vielleicht spielt uns da einer was vor. Giles Corey. Er tut so, als ob er ein anderer wäre.«

Jedes Mal, wenn ich meine Augen schloss, wurde mir schwindelig. »Die Situation in diesem Raum ist unübersichtlich, und es ist eiskalt«, sagte Chip. »Dana, zieh noch eine Karte und sieh nach, was sie uns mitteilt.«

Die erste Karte, die Dana zog, war »Der Teufel«. »Es geht um Manipulation«, erklärte sie. »Es geht um Leute, die andere manipulieren und sie dabei verletzen, aber das ist ihnen egal. Sie haben ihren Spaß daran.« Wie vielleicht ein Mann, dem so viel Unrecht widerfahren war, dass er eine ganze Stadt verfluchte?

Dana mischte und mischte das Tarotdeck. Sie zog die nächste Karte.

Wieder der Teufel! In diesem Raum hielt sich zweifellos etwas Unangenehmes auf.

Die Intention spielt eine große Rolle bei paranormalen Untersuchungen. In diesem Fall hätten wir ohne die Hilfe der Menschen an den Bildschirmen, die ihre Energie und Intention in unsere Arbeit einfließen ließen, wohl kaum so starke Reaktionen erlebt. Wir haben das Gefühl, dass wir mit einem der berühmtesten Geister der Stadt sprachen, weil es unsere Intention war, uns ein hohes Ziel zu setzen und diesen Kontakt herzustellen.

Haunted Salem: Live war das einzige Mal, dass wir etwas in dieser Größenordnung ausprobierten. Bei Strange Escapes finden unsere Experimente vielleicht mit fünfzig oder hundert Teilnehmern statt. Das Prinzip der Intention gilt aber auch für deine eigenen Nachforschungen. Wenn du mit einem bestimmten Ergebnis im Kopf in eine Untersuchung gehst, wirst du überrascht sein, wie oft du Ergebnisse bekommst, die mit deiner Intention übereinstimmen. Kognitive Verzerrung – was wie gesagt in diesem Fall heißt, nur das zu sehen, was man sehen will – hat viel damit zu tun, aber das ist nicht die ganze Erklärung. »Wenn wir mit Amy Bruni bei einer Untersuchung sind, können wir mit großer Wahrscheinlichkeit eine bestimmte Form der Aktivität erwarten«, sagte Greg. »Aber wir haben schon mit Leuten in Fernsehsendungen gearbeitet, in denen Geister angebrüllt werden. Das zieht ganz andere Seelen an, und wir stellen völlig andere Aktivitäten bei dieser Form der Kontaktaufnahme fest. Das bedeutet nicht, dass die Aktivitäten wirklich so sind. Es bedeutet nur, dass sie die *Reaktion* sind, die *ausgelöst* wurde.

Wir beginnen so ziemlich jede Untersuchung mit einer kleinen Meditation, zum Beispiel einer Visualisierungsübung, bei der wir uns nur auf die Kommunikation konzentrieren«, fügte er hinzu. »Es ist sehr wichtig, dass man sich vorher ruhig hinsetzt, alles andere in den Hintergrund treten lässt und sich nur darauf konzentriert, für ein bestimmtes Ziel hier zu sein. Wenn du das schaffst, wirst du mehr erleben.«

»Manche Leute verdrehen deshalb die Augen«, sagte Dana, »aber wenn wir Gruppenuntersuchungen leiten, sprechen wir oft darüber, dass die Intention, mit der man an die Sache herangeht, wirklich die Erfahrung bestimmt. Wenn eine Gruppe von Leuten zum Beispiel eine bestimmte Geisterjäger-Sendung lieber mag als eine andere und diese Sendung vielleicht eine etwas aggressivere oder dunklere Art der Untersuchung verfolgt, bringen sie diese Energie in die Untersuchung ein.« Das führt oft zu feindseligen Reaktionen oder es kommt mehr Wut durch.

»Das Phänomen des Paranormalen ist etwas Subjektives, und wenn du es erleben willst, musst du dich ihm aussetzen«, fügte Greg hinzu. »Nur die Leute, die sich entscheiden, es zu versuchen, oder die sich in einem mentalen Zustand befinden, der diese Art von Aktivität anzuziehen scheint, werden Übersinnliches erleben. Man findet Spukerlebnisse an Orten, wo es ein Trauma, Missbrauch oder Schwierigkeiten gibt und etwas unruhig oder nicht abgeschlossen ist.«

Manchmal – und das mag ein wenig seltsam klingen – trägt jemand zur Lösung eines Falls bei, der die Aktivität nicht erlebt und nicht einmal unbedingt an Geister glaubt. Dem Fall in Connecticut im zweiten Kapitel, bei dem die neuen Hausbesitzer Renovierungsarbeiten durchführten und dabei eine Menge unheimlicher Aktivitäten feststellten, lag ein Übersetzungsproblem zugrunde. Mr. Kotek, der polnische Einwanderer, dem das Haus ursprünglich gehörte, hatte nie gelernt, Englisch zu sprechen. Er konnte also nicht verstehen, was in seinem Haus vor sich ging. Wir brauchten die Hilfe eines Übersetzers. Also zogen wir eine Frau hinzu, die in einem nahe gelegenen polnischen Restaurant arbeitete, um für uns zu übersetzen. Sie half uns, mit ihm zu kommunizieren, und gemeinsam konnten wir das Problem aus der Welt schaffen.

Einmal benötigten wir sogar eine Band als Unterstützung. Im Twisted-Vine-Restaurant in Derby, Connecticut, gab es eine Menge Aktivität. Die Mitarbeiter berichteten, dass sie mehrmals in der Woche Erscheinungen sahen, Stimmen hörten und seltsame Dinge mit der Elektronik passierten. Viele Gäste waren so verängstigt von dem, was sie sahen und spürten, dass sie wieder aufstanden und gingen. Wir hörten, dass der Geist, der das Restaurant heimsuchte – sie nannten ihn Sam –, normalerweise erschien, wenn er Musik im Lokal im Erdgeschoss hörte. Also haben wir für eine Folge der vierten Staffel von *Ruhelose Seelen* eine Band engagiert und sie live spielen lassen, während wir arbeiteten. Fast sofort tauchte Sam auf unserer SLS-Kamera auf. Das war der erste Durchbruch bei der Lösung des Rätsels.

Das 1892 errichtete Gebäude war eine Bank gewesen, bis es in den späten 1970er-Jahren in ein Restaurant umgewandelt wurde. Mike, der Besitzer des Twisted Vine, hatte uns einige Gegenstände von der Bank gegeben. Als wir eine Banknote als Triggerobjekt benutzten, sagte uns Sam, dass er das Papier wiedererkannte. Wir konnten einen Samuel Lesseey ausfindig machen, einen langjährigen Angestellten der ehemaligen Birmingham National Bank, der sich im November 1913 das Leben genommen hatte. Lesseey war in der Bank ohne eigenes Zutun in einen Betrug verwickelt gewesen: Ein Kunde hatte einen 25-Dollar-Scheck so manipuliert, dass Lesseey zweitausendfünfhundert Dollar auszahlte. Vielleicht haben die Schande seines Fehlers und der darauffolgende Eklat ihn in den Suizid getrieben. Er ging zu einem Friedhof, legte sich in den Sarg eines Mausoleums und schoss sich in den Kopf. Die Geschichte verbreitete sich bis zur Westküste und tauchte im *Los Angeles Herald* auf, allerdings wurde sein Name »Lessep« und »Lessey« geschrieben.

Ich kenne auch mehrere Geschichten, in denen Menschen, die nicht an Geister glaubten, entscheidend zur Lösung eines Falls beitrugen. Eine Story, die besonders heraussticht, betrifft die Sterling Hill Mine in Ogdensburg, New Jersey. Die Zinkhütte wurde 1630 eröffnet und war eine der reichsten Zinkerz-Minen des Landes, bis sie 1986 geschlossen wurde.

Heute ist die Mine eine historische Attraktion und ein Museum, das jedes Jahr von etwa fünfundzwanzigtausend Kindern besucht wird, weshalb den Tourguides die seltsamen Aktivitäten, die sie in letzter Zeit in der Mine beobachteten, äußerst unangenehm waren. Einer der Guides, Freddy, berichtete, dass die Leute Gesichter in den Fenstern des Museums sahen und Stimmen und Schritte in der Mine hörten. Ein Geist, der, wie er sagte, wütend zu sein schien, schubste die Besucher sogar.

Die Mine war allerdings schwer zu erforschen. Da weder Adam noch ich zuvor viel Zeit in verlassenen Minen verbracht hatten, fiel es uns schwer, normale Minengeräusche von möglichen paranormalen zu unterscheiden.

Freddy hatte erwähnt, dass plötzlich alle Lichter angingen, wenn sich jemand dem Schacht näherte, und wieder erloschen, wenn sich die Person entfernte. Es war fast so, als würde irgendetwas die Leute davor warnen, sich an diesem gefährlichen Ort aufzuhalten.

Freddy erlebte viele paranormale Aktivitäten in und um die Mine herum, weswegen er nicht leugnen konnte, dass es dort spukte. Doug, ein ehemaliger Minenarbeiter, der jetzt an der Geschichte der Mine mitarbeitet, beharrte darauf, dass es dort nicht spukte. Er habe während der zwölf Jahre, die er dort arbeitete, nie etwas gesehen oder gehört.

Normalerweise stützen wir uns bei unseren Ermittlungen auf die leisesten Geräusche, aber in der Mine gab es viele Geräuschquellen. Wir brauchten Dougs Hilfe, der uns sagen sollte, was normal war und was vielleicht nicht. Obwohl er sagte, dass er nicht an Geister glaubt, nahm er die Sache sportlich, zog seine Arbeitskleidung an und ging mit uns unter Tage.

Wir hörten immer wieder ein rumpelndes Geräusch, aber wir konnten es nicht genau bestimmen. »Das klingt wie ein Erzkarren«, sagte Doug. Nur war die Mine nicht in Betrieb. Es gab definitiv keine Erzkarren, die auf den Tunnelgleisen fahren könnten.

Wir bewegten uns weiter durch die Mine und kamen an eine Stelle, an der es sich anhörte, als kämen Stimmen vom anderen Ende des Tunnels. »Wonach hört sich das für Sie an?«, fragten wir Doug.

»Es klingt wie Stimmen«, sagte er. Ein weiteres ungewöhnliches Geräusch also. »Zwölf Jahre mal zweiundfünfzig Wochen mal fünf Tage die Woche – ich bin hier über dreitausendmal reingegangen«, sagte er, »und am Ende des Tages wieder dreitausendmal raus.«

»Und doch haben Sie die Stimmen bisher noch nie gehört«, sagte ich.

»Stimmt! Aber ich habe hier ehrlich gesagt nie still herumgesessen, sondern immer gearbeitet. Auch die anderen Männer arbeiteten. Hier war es immer laut.« Er schien wirklich perplex über das zu sein, was er hier erlebte. Ich konnte direkt sehen, wie er sich allmählich für den Gedanken öffnete, dass hier etwas Paranormales geschah.

Wir informierten uns über die Unglücke in der Mine und erfuhren, dass im Laufe der Geschichte fast zweihundert Männer bei Unfällen oder Explosionen gestorben waren. Ich entdeckte Hinweise auf eine Karambolage der Grubenbahn im Jahr 1909, bei der drei Männer tödlich verunglückten, und auf einen Unfall, bei dem der Förderkorb fünfhundert Meter in die Tiefe stürzte und zwei Männer starben. Ein Arbeiter hatte das Unglück versehentlich ausgelöst, als er aus dem Förderkorb stieg, der die Männer in den Schacht brachte.

»Hi, mein Name ist Amy, danke, dass du heute Abend mit uns sprichst«, sagte ich in einem Spirit-Box-Versuch am Abend. »Mein Freund Adam hier kann deine Antworten hören, also sprich einfach, so laut du kannst. Wir versuchen nur herauszufinden, wer noch hier ist und warum.«

Da sind viele Leute.

»Weißt du etwas über die Grubenbahn, die hier verunglückt ist? Das war 1909. Drei Männer starben.« Nichts.

»Weißt du etwas über den Unfall mit dem Förderkorb?«

Ein hörbares Keuchen von Adam. »Steht hier jemand?«, fragte er. Da war keiner.

Ich wurde hinausgejagt.

»Aus der Mine gejagt?«

Raus aus der Mine.

»Okay, wer hat dich aus der Mine gejagt? Wurdest du entlassen?«

Ich war arbeitslos.

»Hatte dein Job etwas mit dem Förderkorb zu tun?«

Mit dem Betrieb.

»Hast du einen Unfall verursacht?«

Also wirklich.

»Bist du ungerecht behandelt worden?«

Ich kann es nicht erklären.

»Hast du etwas falsch gemacht? Hast du eine Anweisung nicht beachtet?«

Ich entschuldige mich.

Es schien, als hätte dieser Geist einen Unfall verursacht, und er fühlte sich deshalb schuldig. Während wir darüber diskutierten, ging die Lampe vor uns aus. Ich schaltete sie wieder an.

Als wir wussten, dass unser spukiger Gesprächspartner etwas mit dem Unglück des Förderkorbs zu tun hatte, gingen wir wieder in die Mine und nahmen Chip mit. Er konnte sofort erfassen, dass sich jemand dort »so abwehrend verhält, dass er fast aggressiv ist«. Das passte zu dem wütenden Geist, der die Leute erschreckte und versuchte, sie zum Gehen zu bewegen, indem er die Lichter löschte.

Selbstredend gingen daraufhin alle Lichter in der Mine aus, während wir allein dort unten waren!

»Kannst du uns deinen Namen sagen?«, fragte Adam in einer EVP-Sitzung.

Carroll, Frank.

Das war also der Mann, der den Unfall mit dem Förderkorb ausgelöst hatte. Es war fast so, als wollte er uns von dort wegbringen, uns warnen, dass wir nicht sicher sind. Wir wissen nicht, warum Frank sich entschieden hat zu bleiben, zumal er nicht in der Mine gestorben ist. Sein Geist ist aus freien Stücken dort. Wir hielten Schuldgefühle für möglich oder dass er seinen Namen reinwaschen wollte. Freddy hatte eine andere Idee: Der Geist von Frank verstand nicht, warum er überlebt hatte, während zwei andere Männer sterben mussten.

In der Mine brauchte es einen Gläubigen und einen Skeptiker, um den Fall zu lösen. John Tenney ist der Meinung, dass es mehr als nur eine Spuk-Community – oder die gesamte paranormale Gemeinschaft – braucht, um über diese Themen zu sprechen. »Wenn wir darüber nachdenken, haben wir die Möglichkeit, das Motiv und die Mittel, um uns über unsere tiefsten innersten Gedanken, unsere Sorgen, unsere Bedenken und unsere Ängste auszutauschen«, sagte er. »Wenn Geister ein Weg dazu sind, um miteinander über unsere tiefen emotionalen Erlebnisse zu sprechen, dann ist das sehr wichtig. Die Welt braucht das. Sie braucht es, dass wir miteinander reden. Wenn Geister uns an seltsamen Spukerlebnissen teilhaben lassen, nur damit wir miteinander über diese seltsamen Erlebnisse sprechen, dann ist auch das superwichtig. Die Welt ist seltsam.«

Ein unangemeldeter Gast in St. Augustine

Am meisten mag ich an der Durchführung paranormaler Events, dass ich immer wieder an meine Lieblingsspukorte zurückkehren kann. Der Leuchtturm in St. Augustine, Florida, gehört auf jeden Fall dazu.

Im Jahr 1874 erbaut, hat sich hier mittlerweile eine große Zahl an Geistern versammelt, aber aufgrund der Akustik und der Umgebungsgeräusche kann eine Untersuchung schwierig sein, besonders mit einer großen Gruppe von Menschen. Jemand kann ganz unten flüstern, und es klingt, als sei es in deinem Ohr. Jeder muss sich bemühen und auf die Geräusche achten, die er verursacht, damit man überhaupt etwas erleben kann. Wenn man es richtig macht, ist die Erkundung eines Leuchtturms sehr lohnenswert. Darin herrscht viel Aktivität, sowohl durch die Energie, die die Menschen hineinbringen, als auch durch die Lage am Meer, das vermutlich ebenfalls Energie ausstrahlt.

Eines Nachts leitete ich eine Gruppenuntersuchung mit etwa fünfzehn Teilnehmern im Keller des Leuchtturms. Es war dunkel, und als ich durch den Raum schaute, sah ich einige Leute auf einer Bank sitzen: einen großen Mann und rechts und links von ihm jeweils eine Person.

Etwas fühlte sich sofort falsch an. Ich war mit denselben Leuten ein Wochenende lang zusammen gewesen, aber ich erkannte diesen Mann nicht. Hatte er sich in die Gruppe geschlichen?

Für einen Augenblick richtete ich meine Aufmerksamkeit in eine andere Ecke, und als ich mich wieder umdrehte, war der Mann fort.

»Wer war der Typ, der zwischen euch beiden saß«, fragte ich die beiden Teilnehmer. Sie sagten, es sei niemand bei ihnen gewesen.

Kapitel 12

Geister muss man nicht beweisen

Na gut, vielleicht klingt diese Kapitelüberschrift seltsam, wenn sie ausgerechnet von mir kommt, aber wenn du es bis hierher geschafft hast und jetzt so reagierst, nun, dann ist das deine Sache. Ich hatte dir ja so einige seltsame Dinge in diesem Buch versprochen ...

Tatsache ist, dass du niemanden von paranormalen Phänomenen überzeugen kannst. Du wirst einem Skeptiker kaum je »beweisen« können, dass du eine echte übernatürliche Erfahrung hattest. Du kannst die überzeugendsten Belege der Welt haben, doch Menschen, die wild entschlossen sind, sie zu widerlegen, werden einen Weg finden, um zu beweisen (zumindest für sich selbst), dass sie gefälscht sind.

»Ich hatte nie das Bedürfnis, jemandem die Existenz des Paranormalen zu beweisen. Ich wollte einfach die Phänomene verstehen, um den Menschen zu helfen, damit umzugehen, und nicht die Existenz eines Lebens nach dem Tod unter Beweis stellen«, sagte Grant Wilson. Seit er die ursprüngliche Sendung *Ghost Hunters* verlassen hat, leitet er das Team einer neuen Version der Sendung auf A&E.

»Außerdem, hast du gesehen, was im Film heutzutage technisch alles möglich ist? Kein noch so überzeugender visueller oder akustischer Beweis wird irgendjemanden von irgendetwas überzeugen im Zeitalter der digitalen Trickserei.« Er betrachtet Skeptiker einfach als Menschen, die noch keine übernatürlichen Erfahrungen gemacht haben. »Warum sollten wir von ihnen erwarten, dass sie ohne Grund daran glauben? Wir sollten genauso wenig von ihnen erwarten, dass sie es glauben, wie sie von uns erwarten sollten, dass wir nicht glauben«, sagte Grant. »Es ging nie darum, einem Gremium von Skeptikern zu beweisen, dass das Jenseits existiert. Vielmehr geht es darum, mit beiden Beinen auf dem Boden zu bleiben, aber eine offene Haltung einzunehmen. Wir erforschen Wege, welche die Wissenschaft rundweg ablehnt, aber akzeptiert, wenn es für sie passt. Wir sollten von Skeptikern nicht erwarten zu glauben, ohne eine Erfahrung gemacht zu haben, die sie zwingt, anders zu denken. Und sie sollten nicht alles, was wir erfahren, ohne gründliche Prüfung abtun.«

Da hat er bestimmt recht. Aber ich wurde auch schon oft von Skeptikern in Debatten verwickelt, als ob sie mich herausfordern wollten, ihre Meinung zu revidieren. Am häufigsten höre ich den Einwand: »Tja, wenn es wirklich Geister gibt, warum habe ich dann noch kein Video von einem gesehen?« Die kurze Antwort darauf lautet: Es ist schwer, sie zu filmen. Falls du jemals an einer Untersuchung teilgenommen hast, dann weißt du, wie unsicher du bist, wirklich etwas gesehen zu haben, obwohl es direkt vor deiner Nase war, und wie selten ein Geist vollständig erscheint.

Die längere Antwort hat etwas mit der Kameraperspektive, der Beleuchtung und der Tatsache zu tun, dass Geister einfach nicht so gut darin sind, ein Ziel anzusteuern. Bei

Ruhelose Seelen sind wir nur ein kleines Team. Vor Ort arbeiten Adam und ich mit zwei Kameraleuten, einem Tontechniker, einem Produzenten und einem Produktionsleiter zusammen. Das sind sehr wenige Leute für eine Serie wie unsere (und hat zu einer Vielzahl naher Begegnungen mit der Geisterwelt geführt, die bestimmt mehrere Kollegen hinter den Kulissen überzeugten). Da es in der Sendung um Adam und mich geht und die Art unserer Ermittlungen, sind die Kameras immer auf uns und das gerichtet, was wir tun. Ein Geist erscheint – in den seltenen Fällen, in denen tatsächlich einer auftaucht – nur für den Bruchteil einer Sekunde. Kaum lang genug für uns, um seine Anwesenheit zu registrieren. In vielen Fällen sieht ihn nur einer von uns, weil er so schnell wieder verschwindet.

Die Kameras, mit denen gefilmt wird, sind technisch viel ausgeklügelter als einfache Kompaktkameras, sodass es ein paar Minuten dauert, eine Aufnahme neu zu justieren, vor allem, wenn der Kameramann von einer Nahaufnahme zu etwas weiter Entferntem wechselt. Wir experimentierten mit Bodycams, um das aufzunehmen, was wir vor uns sehen, aber die Aufnahmen sind so unruhig, dass man schon beim Anschauen seekrank wird. Und obwohl wir recht oft Anomalien mit den DVR-Kameras einfangen, ist es fast unmöglich, einen ganzen Raum damit zu überwachen, besonders da sie mit Infrarot-Scheinwerfern (IR) arbeiten, die sich gegenseitig blenden können.

Kämen wir endlich mal mit einem Geist in Kontakt, der schon immer davon geträumt hat, ein Filmstar zu sein, könnten wir ihn vielleicht bitten, an einer bestimmten Stelle so lange stehen zu bleiben, bis wir unsere Kameras eingestellt haben, um ein vollständiges Bild aufzunehmen. Aber bis dahin müssen wir einfach so weiterarbeiten wie bisher.

Und ehrlich gesagt, selbst wenn uns das gelänge, würde immer noch irgendjemand behaupten, es sei gefakt. Wir haben schon oft etwas gefilmt, was für mich unstrittig war. Du wärst entsetzt, wie erfinderisch die Leute sein können, wenn es um die Unterstellung geht, wir hätten diese Beweise »offensichtlich gefälscht«. Aber falls du dir in den letzten Jahren die sozialen Medien angeschaut und gesehen hast, wie giftig die Leute sein können, überrascht dich das vielleicht gar nicht. Sie behaupten, dass wir unsere EVP fälschen oder dass die Geräusche, die wir aufzeichnen, von uns produziert werden.

Es ist allgemein bekannt, dass in einigen Sendungen bestimmte Aspekte einer Geschichte verstärkt oder hochgespielt werden, aber man erkennt ziemlich schnell, welche das sind, denn sie sollen rein zur Unterhaltung dienen. Die Leute mögen gruselige Geschichten, und ich gehöre eindeutig dazu. Für mich ist unsere Sendung etwas ganz anderes. Wir suchen nach wahren Ereignissen und versuchen unser Bestes, um den Betroffenen zu helfen. Und wie du schon festgestellt hast, bedeutet das manchmal eben, dass wir fast keine Beweise finden beziehungsweise nur solche, nach denen wir gar nicht gesucht haben, oder dass wir den Leuten etwas sagen müssen, was sie nicht gern hören. Ich wünschte, wir könnten einfach so tun als ob und Antworten liefern, die die Menschen zu hundert Prozent glücklich machen. Aber das entspricht einfach nicht unserer Arbeitsauffassung. Und ehrlich gesagt bin ich auch keine so gute Schauspielerin. Immer wenn du mich in der Show piepsen hörst oder siehst, dass ich vor Schreck fast in Ohnmacht falle, ist das eine total authentische Reaktion.

»Ich habe bei Sendungen mitgearbeitet, wo es ganz anders zuging«, sagte unser ehemaliger Showrunner Brian

Garrity. »Sagen wir mal so … woanders wird dafür gesorgt, dass etwas passiert. Die Arbeit mit Adam und Amy war eine ganz andere Erfahrung. Da sagt nicht einfach jemand über das Walkie-Talkie: ›Alles klar, bist du bereit? Los geht's.‹ Das ist schwer zu erklären, ohne zu vielen Leuten beim Fernsehen auf die Zehen zu treten, aber mit den beiden zu arbeiten war bei Weitem eine der reellsten Erfahrungen in diesem TV-Genre.«

Ein Kritiker könnte sagen, dass jede Fernsehsendung von Natur aus Unterhaltung ist, und das stimmt natürlich auch. Ich sehe unsere Sendung als reine Unterhaltung für Leute, die nicht an Geister glauben. Sie mögen es sehr wohl gruselig finden, könnten jedoch auch annehmen, dass ich das Ganze vortäusche. Aber *Ruhelose Seelen* ist auch für Zuschauer, die an Geister und Gespenster glauben, die uns bei unserer Arbeit zusehen können und wissen, dass wir dabei mit Integrität und Empathie vorgehen. Wir werden niemals etwas vortäuschen, und wir werden eine Geschichte immer nach bestem Wissen und Gewissen recherchieren. Ganz im Ernst. In der Sendung hat Wahrhaftigkeit für uns oberste Priorität. Die Leute mögen dir den ganzen Tag lang unterstellen, dass du falschliegst, und deine Forschung und deine Beweise anzweifeln, aber wenn du deine Wahrheit kennst, beeinträchtigt das nicht deine Arbeit und wie du sie machst. Ich möchte meiner Tochter immer in die Augen schauen können und ihr versprechen, dass ich in einem Geschäft, in dem die Leute davon ausgehen, dass man lügt, nicht ein einziges Mal gelogen habe.

Solange *du* die Wahrheit findest, ist das wirklich alles, was zählt. Der kugelsicherste Weg, diese Wahrheit zu finden, ist, solide zu recherchieren und sich auf Fakten zu verlassen statt auf Legenden. Wir sind es uns selbst und diesen historischen Orten schuldig, die Wahrheit über sie herauszufinden. Selbst wenn wir nicht beweisen können, dass es an einem Ort Geister gibt, können wir zumindest sachliche Informationen über einen Ort aufdecken und diese gewährleisten. »Es gibt immer weniger Verständnis und Respekt für das wahre Ziel der paranormalen Forschung«, sagte Grant. »Es geht nicht darum, Geister zu finden oder zu beweisen, dass das Jenseits existiert. Stattdessen sammeln wir Informationen, um besser zu verstehen, warum jemand denkt, ein paranormales Problem zu haben. In achtzig Prozent der Fälle kann ich paranormale Erscheinungen mit ganz banalen Ursachen erklären: alte Sanitäranlagen, Schlafmangel, Kohlenmonoxid-Intoxikation, die Suche nach Aufmerksamkeit, was auch immer. Wir wollen eher die Existenz des ›Normalen‹ beweisen statt die des Paranormalen.«

Wenn jemand mit unseren Erkenntnissen nicht zufrieden ist, liegt das meist daran, dass wir nicht genug Beweise für das Übernatürliche gefunden haben oder weil die historischen Aufzeichnungen nicht mit den überlieferten Geschichten übereinstimmen, welche die Leute für wahr halten. Im Twisted-Vine-Restaurant konzentrierten wir uns anfangs auf eine massive Überschwemmung, welche die Stadt im Jahr 1955 überflutete und auf dem Friedhof Särge freilegte. Die Leichen trieben den Fluss hinunter. Es war grauenhaft. Aber den Restaurantbesitzern war erzählt worden, das Gebäude sei als behelfsmäßige Leichenhalle genutzt worden, und sie glaubten, die paranormale Aktivität hinge damit zusammen. Als wir herausfanden, dass ihr Geist nichts mit dem Ereignis zu tun hatte und 1913 gestorben war, waren sie überrascht, aber letztendlich einfach froh, eine Erklärung zu haben.

Während sie die Nachricht gut aufnahmen, konnte ich mich in anderen Fällen, in denen man mit den Ergebnissen nicht zufrieden war, nur auf die Fakten stützen, die ich während meiner Recherche herausfand. Aber wie ich schon sagte, du kannst die Meinung von anderen Leuten nicht ändern. Man sollte es auch gar nicht erst versuchen. Der Glaube an Geister ist eine persönliche Überzeugung wie jede andere auch. Man darf die Meinung eines Menschen über sein Glaubenssystem nicht beeinflussen. Entweder man glaubt oder man glaubt nicht, aber diese Entscheidung trifft jeder selbst. Wenn es drauf ankommt, ist es sowieso völlig gleichgültig, ob die Leute einem glauben. Für mich ist das auch gar nicht der Sinn von paranormalen Untersuchungen. Es geht darum, zum eigenen Vergnügen zu beobachten und zu lernen. Du liest dieses Buch, weil du dich für das Paranormale interessierst. Vielleicht nimmst du irgendwann an einer Untersuchung teil oder du besuchst eine Veranstaltung und erfährst dort mehr. Im Vordergrund steht deine persönliche Entwicklung. Die Leute, die an dir zweifeln, werden ihre Meinung nicht ändern, bis sie selbst ein Spukerlebnis haben.

»›Gläubige‹ und ›Skeptiker‹ sind für mich keine Gegensätze«, sagte Grant. »Viele Zweifler sind einfach Gläubige ihrer eigenen Ideen, und das in einem Maße, dass sie Fakten und Tatsachen ablehnen, was genau dem entspricht, wie Skeptiker Gläubige sehen.« Grant sagte, er sei beides. »Ich habe erstaunliche Erfahrungen gemacht, die mir niemand erklären konnte, und bin trotzdem skeptisch gegenüber jeder Erfahrung und jedem Beweis, der mir von anderen präsentiert wird. Wir sollten ein Ereignis nur dann als ›paranormal‹ bezeichnen, wenn wir unser gesamtes Wissen und das Wissen der Experten, die mutig genug sind, sich mit uns zu beratschlagen, ausgeschöpft haben.«

Ich glaube, es gibt es wohl keinen einzigen Menschen auf der Welt, der nicht schon irgendwelche merkwürdigen

Zufälle oder seltsame Synchronizitäten erlebt hat: »Das sind die Botschaften des Universums an dich«, sagte John Tenney in einem seiner Vorträge. Das kann so etwas Einfaches sein wie ein Lied, das genau zur richtigen Zeit im Radio läuft, oder jemand, der dich im selben Moment anruft, in dem du nach dem Telefon greifst, um ihn anzurufen.

Grant glaubt nicht, dass das nur Zufälle sind. »Wissenschaftler verkünden, dass nichts real ist, dass alles eine Koinzidenz ist. Nun ja, die Definition im Lexikon dafür lautet: *scheinbar nicht zusammenhängende Ereignisse, die ohne erkennbaren Grund [akausal] miteinander verbunden sind.* Das ist doch reiner Unsinn. Es bedeutet, dass wir nicht wissen, warum sie passieren. Wenn also Wissenschaftler behaupten, alles sei nur ein Zufall, dann meinen sie in Wirklichkeit: ›Ich habe keine Ahnung, warum das passiert.‹ Es ist keine Erklärung. Es ist ihre Art zu sagen: ›Wir wissen es nicht.‹«

Etwas nicht zu wissen ist für mich schon der halbe Spaß, denn dann finden wir es heraus. Grant fuhr fort: »Ich habe erstaunliche Situationen erlebt, die ich nicht erklären kann: Ich musste warten, bis sich die Möbel in einem Wohnzimmer nicht mehr bewegten, damit ich an ihnen vorbeigehen konnte, ich wurde von einer schattenhaften Gestalt so hart ins Gesicht geschlagen, dass ich herumgewirbelt wurde und auf den Boden fiel. Dennoch untersuche ich jedes Phänomen und jeden Beweis, der mir in die Finger kommt. Wenn ich etwas nicht erklären kann, ist es für mich paranormal. Das bedeutet nicht, dass es ein Geist ist, es bedeutet nur, dass ich es nicht erklären kann. Noch nicht.«

ꙮ Die Geister im Otesaga-Hotel

Vor vielen Jahren führte ich einen Event im Otesaga-Hotel in Copperstown, New York, durch. Es ist über hundert Jahre alt, war jahrzehntelang ein Internat und ist berühmt für seine Geistererscheinungen. Im fünften Stock des Hotels zeigte sich angeblich eine ziemlich aggressive Präsenz. Wir planten, die Erscheinung zusammen mit unseren Gästen zu untersuchen, weshalb ich einen Rundgang mit einem Medium machte, das ebenfalls bei der Veranstaltung mitwirkte. Ich wollte mir ein Bild von der Präsenz machen und sicherstellen, dass es sich nicht um etwas wirklich Negatives handelte.

Das war vor mehr als zehn Jahren, als ich noch lernte, wie man Gruppenuntersuchungen durchführt. Das Medium legte großen Wert darauf, dass ich meiner eigenen Intuition folgte, während wir durch die Räume gingen. »Sag mir, bei welchem Raum du eine Schwingung wahrnimmst«, sagte er, als wir den Flur entlanggingen. Es war mitten am Tag, und es waren keine Gäste auf der Etage, weil wir sie komplett nutzen wollten.

Als wir an einem Raum vorbeigingen, hatte ich eindeutig ein seltsames Gefühl. »Hier spüre ich was«, sagte ich.

Als wir die Tür öffneten, nahm das Medium sofort die wütende Präsenz wahr. Außerdem musste es in diesem Raum mindestens dreißig Grad Celsius warm sein, obwohl die Heizung nicht an war.

»Ist es so heiß, weil das Wesen wütend ist?«, fragte ich.

»Das kommt manchmal vor«, sagte er.

»Und was machen wir jetzt?«, fragte ich.

»Lass uns einfach mit ihm reden«, sagte das Medium.
»Erzähl ihm, was hier drin passieren wird.«

Also tat ich das. »Heute Abend werden viele Leute in diesem Raum ein- und ausgehen, aber niemand will dir etwas Böses«, sagte ich. »Alle wollen dich nur kennenlernen und etwas über die Geschichte des Hotels erfahren. Sie werden nur heute Abend hier sein. Mir ist klar, dass dich das vielleicht stört, aber wenn du ihnen etwas sagen möchtest, könntest du sie ja vielleicht begrüßen.« Ich sprach mit dem Wesen, wie man mit jemandem reden würde, der sich vor einer Gruppe von Menschen scheut.

»Fühlt es sich anders an?«, fragte ich das Medium.

»Ja, ich glaube, das hat funktioniert.«

Als wir den Raum verließen, kam auf einmal ein Stück der Zierleiste vom Türrahmen herab. Es fiel nicht, es flog. Wir konnten das *Plopp, plopp, plopp* hören, als die Nägel herausgezogen wurden. Die Leiste flog direkt und mit voller Wucht auf mich zu. Ganz gezielt auf mich.

Was auch immer in diesem Raum war, hatte eindeutig kein Interesse daran, Freundschaft zu schließen.

Wir schlossen den Raum ab und ließen in dieser Nacht niemanden hinein.

Kapitel 13

Glaub nicht alles, was du liest

Es wird immer verrückter, oder? Aber glaub mir, von allem, was ich hier sage, ist mir das am wichtigsten: Nimm unter keinen Umständen irgendetwas, was du hier Buch gelesen hast, als unwiderlegbare Tatsache hin. Wenn es um das Übernatürliche geht, gibt es keine absolute Wahrheit. Es gibt nicht das eine, universelle Wissen. (Gut, wahrscheinlich gibt es das, aber wir werden es in diesem Leben nicht begreifen. Kapiert? Besser, du hörst mir nicht mehr zu.)

Alles, was es gibt, zumindest auf dieser Ebene, ist ein einziger umfassender Austausch darüber. Ich bin eine Stimme von vielen. Jede Person in diesem Buch steht für eine weitere Einzelstimme. Aufgrund unserer Erfahrung und unserer Jobs in den Medien mögen unsere Stimmen mehr Gewicht haben, aber das bedeutet nicht, dass meine Gedanken »richtiger« sind als deine.

Vielleicht eröffnen dir deine Erlebnisse einen Einblick, den ich nicht habe. (Dann schreib mir bitte, das würde mich freuen.)

»Sollte irgendjemand jemals behaupten, dass etwas eindeutig ein Dämon oder ein Geist ist, führt er dich in die Irre, denn niemand auf diesem Gebiet weiß, *was* wirklich geschieht«, sagte John Tenney. »Wir wissen nur, *dass* etwas geschieht. Ich beschäftige mich seit dreißig Jahren mit dem Thema und mache immer wieder Erfahrungen, die meine Ansichten über das Paranormale radikal verändern.«

Überall ringsumher findet ständig Magie statt oder zumindest ein kleiner Teil des Unerklärlichen. Bei der Strange-Escapes-Kreuzfahrt durch das Bermudadreieck waren um die Kommandobrücke herum, von wo das Schiff gesteuert wird, Seile gespannt, die man mit Knoblauch umwickelt hatte. »Das soll die bösen Geister fernhalten«, erklärte der Kapitän bei einer Tour. »Bei so einem Schiff trifft man jede erdenkliche Vorsichtsmaßnahme, egal, was es ist. Wir wollen nur sicherstellen, dass hier oben alles gut läuft.«

Während ich dies schreibe, befinden wir uns mitten in einer globalen Pandemie, wie wir sie in unserer Zeit noch nie erlebt haben. In meinem Bundesstaat gilt eine Ausgangssperre, um die Ausbreitung des neuartigen COVID-19-Virus einzudämmen, und die Leute diskutieren aufgeregt, ob der Lockdown aufgehoben werden soll oder nicht. Wir können noch nicht absehen, wie sich die Pandemie entwickelt oder wann das Ganze enden wird. Keiner von uns – vielleicht abgesehen von denen, die die Zukunft vorhersagen können – weiß, was kommen wird.

Aber eines wird sich meiner Meinung als Folge der Corona-Pandemie zeigen: Das Interesse am Paranormalen wird noch stärker werden, als es jetzt schon ist.

Historisch betrachtet, ist nach allen folgenschweren Ereignissen, welche die Welt verändert haben, das Interesse am Jenseitigen immer schon sprunghaft angestiegen. Der

Amerikanische Bürgerkrieg ist eng verbunden mit der Verbreitung der Spiritismus-Bewegung und der Popularität von Medien, Séancen und Geisterfotografie. Hans Holzer sowie Ed und Lorraine Warren, die zur ersten Generation paranormaler Berühmtheiten gehören, wurden während und kurz nach dem Vietnamkrieg weithin bekannt. Nach dem 11. September 2001 schuf das Interesse am Paranormalen ein Umfeld, in dem die erste paranormale Reality-TV-Sendung *Ghost Hunters*, deren Dreharbeiten 2003 begannen und die 2004 Premiere hatte, auf einen Schlag unglaublich erfolgreich war. Nach einem so schweren traumatischen Ereignis, das große Teile der Welt betrifft, brauchen die Menschen eine Art Abschluss, und sie suchen überall nach Antworten, wo auch immer sie welche finden können.

Nach den Erfahrungen in der Vergangenheit zu urteilen, denke ich, dass das Interesse am Paranormalen steigen wird, wenn das alles vorbei sein wird (was hoffentlich der Fall ist, wenn du dieses Buch liest). Aber ich hoffe, dass du nicht nur die Texte anderer Leute liest und dort nach Antworten suchst, sondern dass du all diese Gedanken sammelst, sie in deinem Kopf vermischst und deine eigenen Überlegungen hinzufügst. Und dann gehst du raus und findest deine eigenen Antworten und entwickelst auch deine eigenen Theorien. Jede einzelne Meinung in diesem Austausch über das Jenseits ist wichtig. Es hat lange vor uns begonnen, und es wird weitergehen, wenn wir längst nicht mehr da sein werden.

Schon während der Pandemie stellte ich fest, dass mehr und mehr Leute mögliche paranormale Aktivitäten in ihren Häusern beobachten und darüber sprechen. Von allen Seiten wird mir von seltsamen Dingen berichtet, die in den Häusern geschehen, und es wird zum ersten Mal vermutet, dort könnte es spuken.

Bestimmt hängt das damit zusammen, dass wir viel mehr zu Hause sind. Wir haben Zeit, um Auffälligkeiten zu beobachten, die wir vorher gar nicht wahrgenommen haben, weil wir zu beschäftigt oder zu laut waren. Aber ich halte es auch für denkbar, dass wir diese Aktivität verstärken aufgrund der allgemeinen Angst und Unruhe, die wir während der Corona-Krise erleben. Für mich ist das, was gerade passiert, fast wie ein einziges großes Experiment mit fokussierter Energie. Milliarden von Menschen befinden sich in einem Dauerzustand von Angst und Stress, und diese Energie summiert sich. Menschen sind allein gestorben. Menschen haben Angehörige verloren und konnten sich nicht zusammen mit ihrer Familie von ihnen verabschieden. Ältere Menschen waren isoliert in Pflegeheimen und Betreuungseinrichtungen und konnten ihre Familien in den vielleicht letzten Monaten ihres Lebens nicht mehr sehen. Andere, die an vorderster Front arbeiten, sind jeden Tag zur Arbeit gegangen, wohl wissend, dass sie sich und ihre Familien in Gefahr bringen, aber sie haben keine andere Wahl.

Menschen haben ihre Lebensgrundlage verloren, kämpfen darum, ihre Familien zu ernähren, verlieren Betriebe, für deren Aufbau sie alles geopfert haben. Menschen, deren Berufe plötzlich »systemrelevant« sind, verdienen immer noch den Mindestlohn. Menschen sind zu Hause in Missbrauchssituationen gefangen und haben keine Möglichkeit, sich daraus zu befreien.

Selbst wenn du das Glück hattest, in Sicherheit zu sein und dank einer festen Anstellung im Homeoffice arbeiten zu können, hast du vielleicht mit Isolation und Angst zu kämpfen. Verglichen mit vielen anderen, war meine eigene Quarantäne relativ einfach. Aber meiner Tochter zu erklären, warum sie nicht zur Schule gehen oder ihre Freunde sehen kann, und ihr zu sagen, dass wir nicht wissen, wann es wieder anders wird – während ich versuche, stark zu sein, wenn ich sehe, wie ihr kleines Herz bei einer weiteren schlechten Nachricht bricht –, war eine der schwersten Situationen, die ich je erlebt hatte.

All diese Eindrücke werden nicht einfach verschwinden, sobald wir unsere Häuser wieder verlassen dürfen und die Gesellschaft sich wieder öffnet. Die Impfstoffe werden unsere Herzen nicht heilen. Wir alle tragen kollektiv zu einem weltweiten Anstieg an negativer Energie bei durch all dieses Leiden und Kämpfen – nicht, weil wir es so *wollen*, sondern weil wir uns in einer sehr schwierigen Situation befinden und uns so fühlen, wie wir uns derzeit zu Recht eben fühlen. Ich denke, das könnte etwas mit den im Vergleich zu früher häufiger festgestellten Aktivitäten zu tun haben. Vielleicht nimmt sie jemand zum ersten Mal wahr oder vielleicht gibt es in einem Haus geräuschvolle Wasserleitungen, die man vorher nie bemerkt hat, oder vielleicht hat sich die Energie in einem Haus verändert, weil wir uns so fühlen, wie es derzeit der Fall ist, und das löst etwas aus.

Ich weiß darauf keine Antwort. Im Moment versuche ich nur, meine Familie glücklich zu machen und meinen Teil dazu beizutragen, die kollektive Stimmung zu heben (du weißt, was ich meine), wenn ich kann. Ich bin aber sehr gespannt, was passieren wird, wenn das alles vorbei ist. Ich gehe davon aus, dass sich unsere Einstellung gegenüber dem Paranormalen verändern wird, und das wird ganz sicher Einfluss darauf haben, was mit meiner Sendung und meiner Arbeit im Allgemeinen passiert.

Aber um ehrlich zu sein, ist es genau das, was ich so sehr an meiner Arbeit schätze: Es gibt immer wieder neuen Gesprächsstoff.

»Die Menschen haben Hunger nach mysteriösen Phänomenen«, sagte Aaron Mahnke, Erfinder des überaus beliebten Podcasts *Lore*, in dem wahre Geschichten über Außergewöhnliches und Unerklärliches erzählt werden. »Sie sind wie unvollendete Puzzles oder Löcher, die gestopft werden müssen, und unser Verstand und unsere Seele wollen diese Lücken füllen. Egal, ob es sich um ein wahres Verbrechen, einen spannenden Roman oder um die Welt der Geister und ungewöhnlichen Kreaturen handelt – die Menschheit war schon immer von geheimnisumwitterten Rätseln fasziniert.« Als ich zum ersten Mal ein Gespenst sah, wollte ich wissen, was das ist. Viele Jahre und Tausende von Geisterbegegnungen später ist meine Reaktion immer noch genau gleich. Das Unbekannte zu erforschen ist eine Leidenschaft, die mich immer begleiten wird, nicht nur, weil ich es spannend finde, nicht nur, weil ich einen Fall lösen will, sondern weil es immer noch ein wenig mehr zu erfahren gibt, immer einen weiteren Diskussionsfaden zu verfolgen, immer noch ein Stück eines Geheimnisses aufzudecken.

Dank

Für dieses Buch brauchte es wirklich eine Community. Ich stehe in der Schuld einer ganzen Reihe von Menschen, die dieses Buch ermöglicht haben, und ich kann gar nicht in Worte fassen, wie dankbar ich dafür bin, dass jeder einzelne von ihnen Teil meines Lebens ist.

Adam Berry – mein Partner im Fernsehen, mein bester Freund außerhalb des Bildschirms. Ich hätte niemals meinen Weg in dieser paranormalen Welt gefunden, wenn du nicht so lange an meiner Seite gewesen wärst. Es gibt einen guten Grund, warum ich Charlotte immer sagte, dass sie dich Onkel Adam nennen soll. Du und ich werden immer wie eine Familie sein. Herzliche Umarmungen auch an HusBen, xoxo.

Greg und Dana Newkirk – eure Freundschaft und Verbundenheit über die letzten Jahre waren einzigartig. Ich bin immer wieder begeistert von euren Ideen und Entdeckungen auf diesem Gebiet, ganz zu schweigen von eurer Bereitschaft, jedes Mal ans Telefon zu gehen, wenn wir angerufen haben, um eure Meinung zu einem Teil dieses Buches zu erfahren. Danke!

John Tenney – wie so viele andere, höre ich immer wieder gern, was in deinem verrückten Kopf vor sich geht. Es gibt einen Grund, warum du so häufig in diesem Buch zu Wort kommst: Deine Gedanken und Ideen entsprachen meinen oder führten mich zu vielen Erkenntnissen über meine eigenen Überzeugungen, und dafür danke ich dir. Du inspirierst mich immer wieder aufs Neue.

Chip Coffey – an deiner Schulter habe ich mich öfter ausgeweint, als ich zählen kann. Ich schätze unsere Arbeitsbeziehung, aber unsere Freundschaft bedeutet mir mehr, als ich zum Ausdruck bringen kann. Vielen Dank für deine wertvolle Begleitung meines Lebens und dafür, dass du dieses Buch bereicherst.

Matt, Sarah und Becky – meine wilden Geschwister. Wir wurden im Grunde von Wölfen aufgezogen, aber seht uns jetzt an! Ich liebe euch alle mehr, als ich in Worte fassen kann. Eure Unterstützung über all die Jahre, in denen ich diesen seltsamen und ungewöhnlichen Weg beschritt, bedeutet mir unendlich viel.

Steve Gonsalves, Jason Hawes, Dave Tango, Kris Williams und Grant Wilson – mein Ghost-Hunters-Team. Ich werde nie vergessen, wie ihr mich gleich zu Beginn in eurer unglaublichen Welt willkommen geheißen habt. Ich weiß, dass es harte Zeiten gab, aber welche Familie kennt das nicht? Jeder von euch ist mir auf seine Weise sehr wichtig, ihr werdet immer meine Familie sein. Wir sind im Laufe der Jahre sehr weit gekommen, und ich genieße die Momente, in denen ich mich mit jedem einzelnen von euch austauschen kann.

Bill Stankey – Manager der Extraklasse, der immer alles möglich macht, wenn ich mit verrückten Projektideen zu ihm komme. (Wie diese hier!)

Julie Tremaine – Freundin, Disney-Nerd und die einzige Person, der ich zugetraut habe, dass sie mir dabei hilft, all diese Worte und Ideen in Buchform zu bringen.

Grand Central Publishing, insbesondere Gretchen Young – danke, dass du meine Geistersicht zu schätzen weißt und dich so großartig für mich eingesetzt hast, als diese Kapitel entstanden sind.

An die Freunde der paranormalen Welt, die mich all die Jahre so bereitwillig unterstützt haben: Dave Schrader, Britt Griffith, Familie Leimkuehler, Sarah Coombs, Loren Coleman, Aaron Mahnke, Jeff Belanger, Andrea Perron, Aaron Sagers, Karl Pfeiffer, Connor Randall, Auntie Lizzie, Auntie Roxi und all meine Freunde bei Travel Channel und Paper Route Productions. Und natürlich all die »Escapees«, die immer wieder zu uns kommen.

Und schließlich alle, die diese Zeilen lesen: Fans, Zuschauer, Social-Media-Follower – ihr habt mir geholfen, im Laufe der Jahre zu wachsen, und habt mich auf dieser höchst magischen Reise begleitet. Ich danke euch.

Anmerkungen

1. Bei Lizenzproduktionen von Serien und Filmen werden die für den deutschen Markt verwendeten Titel genannt (Anm. d. Ü.).
2. Es gibt tatsächlich so etwas wie ein Spektrometer. Es wird benutzt, um Licht im elektromagnetischen Spektrum zu messen. Ich habe gehört, dass Leute es benutzen, um nach Geistern zu suchen, ich habe das aber noch nie beobachtet.
3. Adams, P., und Brazil, E. (2010): »Borley Rectory«, http://www.harrypricewebsite.co.uk/Borley/borley_into.htm, abgerufen am 26.6.2020.
4. Wehrstein, K. (2018): »Philip Psychokinesis Experiments«, Psi Encyclopedia, The Society for Psychical Research, London, https://psi-encyclopedia.spr.ac.uk/articles/philip-psychokinesis-experiments, abgerufen am 26.6.2020.
5. »Lizzie Borden took an axe / And gave her mother forty whacks, / When she saw what she had done, / She gave her father forty-one.« (Etwa: »Lizzie Borden nahm eine Axt / Und versetzte ihrer Mutter vierzig Hiebe, / Als sie sah, was sie getan hatte, / Versetzte sie ihrem Vater einundvierzig.«)

Über die Autorin

Amy Bruni begann 2007 mit ihrer professionellen Tätigkeit als Paraforscherin, seit sie in der Sendung *Ghost Hunters* mitwirkte, einer der am längsten ausgestrahlten und am besten bewerteten Fernsehsendungen über paranormale Phänomene. Heute ist sie eine der Hauptdarstellerinnen und Executive Producer der Sendung *Ruhelose Seelen* des Travel Channel. Sie ist außerdem Inhaberin von *Strange Escapes*, einem Unternehmen, das geführte Touren und Wochenendausflüge für Fans des Paranormalen anbietet.